마음이 하찮니

情緒過勞的我，有些話想對自己說

趙玟英 조민영——著
馮燕珠——譯

三民書局

前言

「還好嗎？」——給從未問候過的我的心

我們的心並非微不足道。「心」不應該是被當成不重要、迴避、無視，甚至不存在的一部分。我們的內心深處都蘊藏著只有我才有的獨特力量，有時也是我們在尋找方向時的珍貴指標。這個明明存在，卻因為沒有形體而看不見的就是「心」。雖然無法馬上呈現出來，但若是一再掩蓋心中發射出的微小信號，或將傷害視作微不足道，那麼總有一天會遭到心靈的反擊。就像我一樣。

我希望可以過得很好，我想取得成功對父母盡孝，在我工作的領域成為優秀專業的人，得到大家認同給予肯定，所以我很用心努力，凡事都不敢偷懶或馬馬虎虎完成。然而在某個瞬間，我身體和心靈的能量全都消失了，最終落到只能躺在房間內看著天花板的地步。正值應該全力朝向目標加速前進的年紀，卻被判定為「過勞」(burnout)，我什麼事都做不了，覺得很委屈、很生氣、很怨恨，對我自己太失望了。但更離譜的是，我連自己為什麼會落到這種地步都不知道，因為我一直以來除了努力生活之外沒有別的啊。

一開始我埋怨別人，埋怨那些讓我活得那麼辛苦，把我逼入絕境的人們，我認為是他們把我變成這樣。然後我開始埋怨人生。我做錯了什麼？為什麼要這樣對我？但沒有答案，因為生命本身就是無法理解的存在。最終我能做的只有一個，就是分析自己。於是我開始仔細觀察內心，想找出過勞的原因。

連自己都很陌生的內心，在經歷了無數次探尋之後，我終於看到了，一直以來總是因忙於解決生活中各種燃眉之急，卻一直迴避的已受傷的心。明明有關係卻說沒有關係，一忍再忍，自己心裡最想要的卻最先放棄，就這樣一路活到現在。

大部分的人都害怕關注、窺視自己的內心。害怕努力塑造的對外形象會消失、害怕看到無法控制的事物，所以乾脆閉上眼睛。人對於未知本來就會恐懼，但只要勇於面對自己的內心，鼓起勇氣睜大眼睛看，一切都會變得明確。

在因過勞什麼事都做不了躺在家裡之際，我腦中浮現了一些臉孔。那是我擔任約聘講師期間，在各個大學裡教過的學生們。為他們上課、教授音樂劇理論和歷史，是我應盡的責任和義務。當時看到那些孩子們疲憊的臉龐、下垂的肩膀，看著他們陷入深深的憂愁中，眼神茫然徘徊在遠方時，我卻視而不見毫不理睬，就連「有什麼事嗎？」「還好嗎？」這樣短短一句話都不肯說出口。因為我連自己的心都忽略了，又怎麼會去關心別人呢？雖然感覺到應該要做些什麼，卻刻意迴避，就這樣久而久之地成為沉重的後悔，積累在心中。

於是我決定了，如果我可以從過勞中恢復，展開新生活，我要讓孩子們學會如何看清自己的內心，我要給孩子們真正的心靈補給。很幸運地，當時的決心有機會實現，我成為閱讀治癒指導師、治癒寫作講師，展開第二人生。

二〇一八年八月十七日，以曾上課過的學生為對象，我開了「心靈補充課程」。透過社群網站招生，每週都會有一、二名以前的學生線上報名。到二〇一九年十一月十五日為止，總共有六十四名學生（舊生、現有的學生、還有其他新生）報名登錄。讓我驚訝的是，雖然他們全都有各自不同的事由和狀況，但歸咎起來，引發那個問題的心理模式非常相似，也就是與使我陷入過勞、耗盡我身心的原因近乎相同，可以歸類為不是一就是二的極端思考習慣「二分法思考」；以為別人都像自己想的一樣，不斷期待又失望的「無謂的期待及慾望」；想要控制世界的愚蠢信念「控制慾和完美主義」；以及雖然事實並非如此，自己也不了解，卻對未知存著「害人的恐懼」；最後就是將以上集大成的「好人情結」，都是我經歷過的事，真是神奇。

這本書赤裸裸地記錄了我因為漠視自己內心而經歷的無數錯誤。現在回頭看看過去的自己，真是覺得羞愧、無知又愚蠢，另一方面也感到很心疼。為了不要再重複當時的錯誤，讓自己的身心又再度過勞，我集中內省自己的心靈，並盡最大努力詳細描述。

當然，現在我身上依然還存著以前愚蠢的心靈模式，如果我又不去意識內心，忽略內心的話，久而久之想必又會重蹈覆轍，照著過去的習慣、想法、情感和行動生活。但現在我已經有意識了，所以會努力從以前的習慣中擺脫。為了養成珍惜心靈的新習慣，需要無數次的反覆練習。

從結果來看，其實「過勞」可說是徹底改變我人生的寶貴機會和禮物。當然我也想過，如果運氣差一點，可能現在我就不在這裡了。如果可以幫助更多人預先了解並預防，它就是最好的禮物，我以這種心態寫了這本書。如果各位時時都認為自己的心微不足道、不重要，那麼生命能量就會不可避免地枯竭和耗盡。但生活中確實存在可以不耗盡、不枯竭、不斷充實自我的人生，這一切的鑰匙就藏在各位珍貴的心中。

二〇一九年十二月冬季將至

趙玟英

Content

目次

Chapter 2

極端的二分法思考

Chapter 3

摧毀我的虛無期待和慾望

Content

Chapter 4

愚蠢是完美主義者的控制慾

Chapter 5

害人的恐懼

目 次

Chapter 1

我的過勞生存記

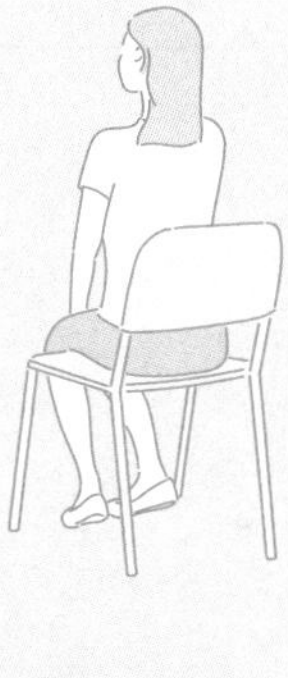

身體的能量，全都耗盡了

完全倦怠，是在我三十八歲時。

我是音樂劇作家，也是作詞人；是戲劇系博士研究生，也是大學講師。一邊寫音樂劇劇本時，必須參加演出會議；要看書寫報告，還要上研究所的課；一個學期還必須講授好幾堂課，換句話說真的是忙得不可開交，幾乎沒有時間好好坐下來吃頓飯，常常只能在速食店著急地跺著腳等，點好的漢堡一拿到手就走出去，走在路上直接把包裝袋撕開邊走邊吃，同時迅速移動到下一個地方去。雖然身體和精神都很疲憊，但當時我覺得那樣忙碌的自己很帥氣。每當與朋友見面時，我會不由自主地帶著有點炫耀的口氣說自己有多忙。我一直相信，這樣努力地生活，總有一天會成功，一定會成功，我從來都不懷疑這一點。

二〇一二年第二學期，那一個學期我同時在五所大學裡總共接了七堂課。在大學擔任講師八年期間，我的講師費月薪首度將近三百萬元[1]。當時我沒有任何懷疑，認為自己正值人生巔峰期，也是我最旺的時候。課多表示找我的人多，也是我成功的證明，我沒有理由不高興。但實際上卻不一樣，學期一開始我就得了重感冒，整整病了三個禮拜，每個禮拜要上七堂課，每到星期五最後一堂課結束，我簡直就是精疲力盡，免疫力低到谷底，心裡只有總算又撐過一個禮拜的安心感。

就那樣一週過了一週，在十月的某個星期五，我突然覺得肚子很痛，還好隔天是週六所以沒有影響教學。我總覺得應該是盲腸附近的問題，所以隔週星期一課一上完，我就立刻到附近的診所看醫生。醫生觸診後診斷應該是闌尾炎，建議我最好盡速前往較大的醫院。於是，我到腸胃專科醫院接受超音波檢查，確診為闌尾炎。因為必須動手術，所以我開始打電話給各個學校，將接下來一個禮拜的課都先暫停，這才住院準備動手術。在術前檢查時，發現我的白血球數值過低，因此手術又延後到第二天。但似乎不只如此。

好好睡了一覺，第二天一早醒來我以為已經好多了，但再次檢查發現白血球數值比昨天還要少，這樣看來很可能是血液方面出了問題，於是立刻緊急把我送到大型綜合醫院的急診室。血液內科醫生們用很粗的針從鼠蹊部抽了整整五管血液，我到這時才驚覺狀況不是普通的嚴重。照過電腦斷層後得知不只闌尾炎那麼簡單，一瞬間我腦中浮現白血病、血癌等可怕的病名，讓我一陣頭暈目眩，「到底為什麼會發生這種事？」我被恐懼包圍躺在急診室裡，仰望著天花板與白牆，生平第一次對以往過度消耗身體和精神的歲月，開始感到後悔。

隔天我接受了骨髓檢查。為了採集骨髓，必須把針插入骨盆骨內。因為我趴著，所以無從得知是怎麼做的，只是感覺骨盆附近好像被用力打碎了一般，

1 譯註：換算成新臺幣約是除以三十六。本書中如未特別標示，金額幣值均為韓幣。

感到巨大的壓迫和劇痛，還有從心底衍生的陰影。抽出骨髓後，為了止血，必須用沙袋墊在腰部下方加壓，我就這樣整整躺了四個小時，腦中想像著最壞的狀況，萬一明天醫生拿著檢驗報告來說我是「血癌」或「白血病」該怎麼辦？一想到我到目前為止努力累積的所有一切都會瞬間坍塌，我眼前頓時一片黑，心中只能不斷地拜託！拜託！拜託……那天晚上真是我人生中最長、最黑暗的夜晚。

第二天早上，主治醫生前來告訴我檢查結果。血液內製造各種細胞的造血母細胞的機能先天上比別人弱一點，不過還好並不到非常嚴重的地步。但我的身體機能還是比較弱，所以必須小心不能太勞累。世上還有什麼比這個更好的消息？我終於可以回到學生面前，可以繼續做想做的事，我的心中充滿感謝，並暗自下定決心，務必要非常注意不能再失去健康，絕對不能夠再那麼勞累。

但那份決心，在我回到日常生活，忙於補課的過程中迅速消失。我的改變只有隱隱覺得不能缺血，所以一直攝取像牛肉之類的紅肉，就只有在那方面費心思而已。經歷了這些曲折，我人生中最艱難的學期總算順利地結束了，緊接著是下一個學期課程的安排。有鑑於上次送急診身體給我的強烈警告，為了健康著想，下一個學期我應該要減少工作量才對。但另一方面我很害怕，因為我是兼職講師，如果我不排課，馬上就會有別人去填補那個空檔，等到日後我想再回來時還不一定可以回來。我害怕會失去教職，同時也希望可以維持我的巔峰時期，於是二〇一三年第一學期，我還是排了五堂課。

剛開始好像沒有什麼異常，感覺自己還可以支撐得住，但快接近學期末時，我開始漸漸地出現一些症狀。從脖子後面到頭頂無法控制地發熱，像是用體溫計也無法測量地沸騰著，頭疼得厲害，耳朵也像坐飛機時一樣嗡嗡作響。身體疲勞得感覺馬上就要暈倒，手腳都在發抖，最後變得頭暈目眩，我無法回頭，也無法點頭。為了把剩下幾節課講完，我拼命堅持，結果終於在最後一堂課倒了下來。送到醫院，我被告知的病名是「低膽固醇血症」。別人大多是膽固醇太高的問題，而我卻是膽固醇太低。特別是能量不足時，作為能量使用的中性脂肪數值非常低。簡單地說，就是我攝取的熱量比我消耗掉的還少，連原本用於緊急狀態的能量也全部用光了。也就是「過勞」(burnout)。我沒能意識到自己的極限，只是一路狂奔，結果在三十八歲那年壯烈犧牲。那天，我的人生彷彿全都停止了。

什麼都做不了，眼睛一睜開就頭暈，只好再把眼睛閉起來。遇到去醫院的日子，必須由媽媽陪同一起坐地鐵。我無法承受在人多的地方那種被包圍的感覺，心裡會很悶，只能勉強抓住車門邊的桿子蹲下去，一直到抵達醫院。醫生說除了好好地吃、好好休息之外別無他法，所以六個月來我一直用韓藥進補，努力恢復體力。同時為了排除體內毒素，中間還進行連續十四天的排毒斷食。但是不知是不是原本就有的痼疾──腰部和骨盆疼痛，卻反而更加劇烈，一個月中有二十多天被劇痛折磨。每次一開始痛，就不知道會持續多久、強度有多強、有多麼痛苦，只能束手無策，等待疼痛過去。如此一來，我下學期的課只能全部轉給別人，音樂劇作家的工作也只能暫停，研究生博士課程也只能在沒有拿到學位的情況下結業。我的人生就那麼輕易的，在轉眼之間全部結束了。

靜靜地躺著看著天花板，嘴裡有苦說不出，「我的人生是失敗的」這種想法在腦中一直打轉。我想在所屬領域裡大大嶄露頭角，但卻什麼都沒有實現，只是苦苦掙扎，最後無功而返。我沒有賺到錢、沒得到名聲、沒有什麼耀眼的成果，那我到底是為了什麼那樣努力奔跑？還不到四十歲就倒下，我為什麼要勉強自己跑？為什麼我不珍惜自己的身體健康？後悔也沒用。我的人生完蛋了。我失敗了。一切都結束了。

再次提升心靈能量

比起將身體過勞的狀態恢復，心靈過勞的狀態要恢復更難。身體只要好好休息、好好吃飯、大量補充有益健康的補藥及維他命，大概一年就可以迅速恢復，但最大的問題出在心靈。對人生幻滅，身為音樂劇作家的我，對自己的能力感到失望，親手毀掉自己生活的失敗感，使我的心疲憊不堪，喪失了目標。不只如此，更大的問題是我完全失去自信。日子必須繼續過下去，但該怎麼辦我完全沒有頭緒。我是什麼樣的人？可以做什麼事？要怎麼做才不會再次倒下？這些我全都不知道。分明是有什麼地方出錯了，才會出現這樣痛苦的結果，但我除了徹底犯錯之外，連從哪裡開始到底出了什麼問題，都完全不知道。

於是我開始回顧過去的一點一滴，並思考「我怎麼會變成這樣？一開始為什麼會選擇當音樂劇作家？我為什麼要唸研究所？當講師為什麼當得那麼痛苦？是單純體力的問題，還是有什麼其他理由？」許多從沒有想過、以前認為沒有必要考慮的問題接二連三地出現。對於這些提問，我卻一個答案也沒有，只知道自己一直以來就只是義無反顧地前進，現在想來連自己都感到訝異。

在接到過勞判定一年後，身體已幾乎完全恢復的我，選擇為期十天的不丹之旅作為恢復心靈能量的第一步。選擇「不丹」的理由很簡單，因為那裡是地球上最幸福的國家。我想如果去那裡，應該就可以知道幸福是什麼，說不定還能重新找回幸福。我在不丹領悟到的事很單純，這個世界上沒有一個地方是完全沒有問題的理想之地，能與人們一起走、一起吃、一起笑、一起談天說地就是最原始的喜悅。這種覺悟非常適合治療在生活中被人背叛、被利用、被威脅、被忽視而產生的幻滅。對於為了不再受到傷害而斷絕一切，放逐自己獨自思考未來的我來說，人是不可能獨立生存的，這再次提醒我們，只有在一起時才能享受快樂。當然，不丹乾淨的大自然帶來的自然治癒力量更是不在話下。

一趟不丹之旅回來，我僵硬的心靈稍微變得柔軟了一些，但我還是找不到可以做什麼。我連自以為擅長的領域——作家和教書的工作都失敗了，到了這把年紀，也害怕重新開始，我又再度回到不成熟的狀態。就這樣一直猶豫不決，某一天，我去市廳的首爾圖書館借書時，偶然發現了「首爾自由市民大學」的課程，其中，是詩人也是慶熙大學教授的李文在（音譯）教授開設的「為我寫作」吸引了我的目光。身為一名作家，受過勞之苦，但是卻本性難移，還是沉迷於寫作，我在心裡苦笑。選擇這門課，也是因為不願意進入完全陌生的其他課程中，讓人一看就知道是個新手。

「為我寫作」課程，每週都以「忘不了的事」為主題寫作。可以是忘不了人生中最開心的時刻、忘不了的美食、忘不了的地方……上這堂課的學生大部分都不是專業作家而是平凡的一般人，所以從第一節課開始，我就想應該是我寫得最好。但後來看到其他同學坦然講述自己人生故事的真誠，以及他們生活的深度和重量，讓我在心裡悲鳴了一聲。我為自己即使和一般人競爭，也想要守住身為作家的自尊和優越感，那種微弱卑怯的心感到羞愧。為了好好寫出自己的故事，我開始像他們一樣率真地審視我的生活。

第一個主題「忘不了人生中最開心的時刻」，讓我印象最深。我上中學之前一直是班上的第一名，後來進入外語高中，一眨眼的功夫就跌到班裡的倒數第一。但比起成績退步這件事，更痛苦的是沒有人理解我。因此我想盡辦法突出我自己，即便是要我做其他人不做的事。經過一番苦思冥想，我調查了所有老師的生日，成為第一個為老師舉辦慶生會的活動負責人。

有一天，我得到數學老師關鍵性（？）的情報，得知那天是教務主任的生日，那時我有一種可以讓我的存在感一舉反彈的感覺。我走訪各班，把班長叫出來，要他們把班費拿出來作為教務主任慶生會的費用。另外，還安排每個班長都要負責幾位老師，通知老師及自己班上同學在晚上六點祕密到餐廳集合。然後我在同學們自修時，帶著收集到的錢，申請了外出證到校外去，買蛋糕、鮮花以及各種慶生會用品回到學校，再自己一個人到餐廳布置。傍晚六點一到，全校學生和所有老師們全都到餐廳，最後我到教務主任辦公室，把一臉莫名其妙的教務主任請出來，就那樣成功地為教務主任辦了個慶生會。那完全屬於我的個人企劃，但遺憾的是事後沒有人知道，也沒人關心那件事，我想藉此提高存在感的計劃徹底失敗。

回想起那段闊別已久的往事，我想起我原來是個什麼樣的人。全班倒數第一的人不知道憑什麼向各班班長們下達命令，也不知道哪來的自信相信自己一個人就能做好，當時感覺把事情搞得轟轟烈烈也沒什麼好怕的，滿心只期待最好的結果。不過，當時那麼迅速讓所有計劃順利進行，我自己也很驚訝，我是一個一旦有了目標就會不顧前後，像開著堆土機一樣強行執行的人。但是現在，「那樣的我在哪裡？消失到哪裡去了？」我這麼問自己，霎時我明白高一時充滿推進力的我仍然在我的心底。不是消失，只是忘了而已，現在的我一樣是只要設定目標，無論如何都會努力達成的人。勇敢、厚臉皮、毫無顧忌，這就是我。當確信自己是什麼都能做的人時，我的自信從谷底開始重新湧現。

回顧自己

透過為期十週的「為我寫作」課程，我知道自己是只要下定決心，不管什麼都可以做到的人，但要做什麼仍還是未知數。不過不管什麼新的開始，都要先學習，於是我仔細調查有沒有什麼相關證照課程是我感興趣的，就在這時發現了「閱讀治療師養成課程」。我本來就喜歡閱讀，再加上經歷了過勞，讓我對像自己這樣的人感到好奇，對心理學和治療也產生興趣，心想如果上這門課應該會有些幫助，所以我懷著不確定的期待報名了。

每週都學習各種不同的心理學理論，那些理論就像一盞盞燈，照亮我檢視自己的角度，讓我深刻覺悟到「我真的是個問題很多的人」。我相信自己是一個真正善良的人、一個沒有法律也會活得很正直的人，對於艱難的過去，我可以原諒、理解，所以一切都沒有關係，但事實並非如此。我像擰得緊緊的麻花繩一樣，用完全不合理的邏輯判斷，以至於心中充滿了無法排解的憤怒和怨恨。直到恰好發生了積累的憤怒爆發的事件，這才意識到我的狀態真的很不好。於是，我去向研究閱讀治癒的心理學家金英雅（音譯）教授尋求諮詢的管道，教授聽了決定親自進行諮詢，於是我接受了半年多的個人諮詢。

在一對一諮詢的過程中，我曾進行無數次的抵抗，動不動就痛哭流涕，原本堅信正確、毫無疑義的思想崩潰。原本一切都是從我的立場出發解讀，我一點懷疑也沒有，但經過諮詢後讓我知道很多事並不是那樣，這對我是很大的衝擊。將一直以來隱藏在我內心中許許多多負面情緒攤在諮詢桌上，和教授一起檢視，對我來說絕非易事。要我承認我的愚蠢比死還討厭，我那無比幼稚的感情真是太丟人了。尤其讓我心痛的是，我並不善良，而是一個極其傲慢的人。但是，隨著哭泣和擺脫的過程持續進行，我變得越來越自由、越來越輕鬆。眼界變寬了，心也跟著變得寬廣，不再動不動就不耐煩，也不生氣了。奇怪的是，我越了解自己不敢面對的真相，反而越喜歡自己的不足。在諮詢前，我討厭自己不完美的樣子，但諮詢後，就算感覺自己像個傻子，也是可愛的傻子。雖然身體和心靈都很脆弱和不夠結實，但還是能夠好好地克服無數困難，這點讓我感到很欣慰。過去帶著那些奇怪的想法還能做了那麼多事，讓我覺得神奇又感激。透過諮詢，我學會只有完全接受自己的不足時，我們才可能會愛自己。

但我不能一直依賴諮詢，諮詢結束並非完全治癒，新的問題還會接二連三出現，所以現在我要做的應該是管理好自己，不要再被我的想法和感情左右，要能夠冷靜地審視這些東西。於是我接觸到冥想，有時是集中於呼吸的冥想，有時是專注於某個問題的冥想，另外有些時候，我會在冥想時一邊聽經文一邊默想，我嘗試各種方式的冥想。

在冥想時，「想法」們幾乎每隔一、二秒就會掃過去，我發現自己無法想得太深入，因為有太多思緒，大部分時間都只能靜靜地看著一個個想法過去，「好吧，那現在集中在呼吸上，一、二……但是很快腳就麻了，為什麼我連冥想都做不好？對了，要寄電子郵件給朋友還沒寄呢，要趕快才行……啊，今天晚上要吃什麼？……不對，我正在冥想中啊！果然這樣是不行的。我的腰好痛，要不要去健身房？還是去上瑜珈會不會比較好？……」。在當時我領悟到，過去我的想法完全就是我自己的想法，但在練習冥想後發現，還有另外一個我關注這一切。

情緒也一樣，像憤怒和悲傷，也能透過冥想來審視。不要把那些情緒的本質想成「我」，把那些情緒與自己分開，這樣才能夠清楚判斷。被憤怒包圍，憤憤不平的人不是我；沉浸在悲傷中，無限消沉的也不是自己。就像在藍色的天空中有時會看到白雲、有時會看到烏雲飄過一樣，情緒也只是偶然穿過「我」的東西。也就是說，情緒只是暫時的，像雲，不可能成為天空——「原來的我」。明白這些後，當產生消極情緒時，就可以不被那感情拘泥，等待情緒過去。若能稍微冷靜地等待一下，很快就可以回到原來的我的狀態。

在學會這種方式之前，我動不動就被憤怒包圍，煩躁得發瘋，一有什麼不如意就會在心裡一直反覆咀嚼。被各種感情束縛，做了很多奇怪的事情，後來才回過神來「我為什麼會那樣……？」跺腳後悔。現在我還是會有情緒，但在情緒湧出的過程中，我可以感覺得到「啊，現在我正在發脾氣啊」、「我現在一直在增加自己的煩躁」，而有所自覺。只要再多練習一下，就會更早一步察覺「啊，好像要發脾氣了」、「哇，似乎要開始煩躁了」。

這種自我察覺之所以重要，是因為只有那樣才能控制住自己。人如果被感情所驅使，就只是感情的奴隸，沒有力量去控制它。但如果能自覺到我的感情，我可以根據自己的需要，選擇是繼續釋放感情還是自我克制。重新獲得對自己的想法和感情的控制權，是我透過冥想獲得的最大收穫。

我的心靈補充課程

歷時兩年完成閱讀治癒師培訓課程後，再經過集體諮詢和講師班、監督、同行治癒等訓練，我終於可以講授關於閱讀治療的相關課程了。但學習和教學完全是兩回事，在看到原本以為只是單純的理論，在現實中是如何以多種形態表現出來之後，我開始更加深刻地體會到其重要性及必要性。因此，在教授的過程中，我比自己在學習時更勤快，所謂教學相長，真正的學習這才開始。

閱讀治療與一般一對一諮詢不同，是為了能顯露內在，而在治療師與被治療者中間設立一種媒介的方法。可以靈活運用書籍、電影、詩歌、電視劇、歌詞、圖畫、照片等作為媒介。我個人覺得繪本是其中最有魅力的，原因在於，首先繪本的內容不多，可以很快就看完，同時表達的意圖明確，很容易引起共鳴。主題可以非常廣泛，男女老少都可以適用，比起內容的比重，通常閱讀者受到的感動更深，從各方面來看都是非常優秀的媒介道具。

為了找尋適合作為閱讀治療的繪本，我輾轉於大大小小的圖書館，閱讀各種繪本。如果發現不錯的繪本，就會在小手冊上記下書名及圖文作者、出版社，並大略寫下簡單的內容摘要，還會備註在什麼狀況下使用比較好。

尋找繪本的過程中，我也感受到繪本與我本身之間的交流。不知不覺間，我也藉由繪本來自我治癒。有感於那種珍貴的感覺和想法如果消失會很可惜，所以我開始在部落格上以「從繪本中看自己」為主題連載文章，這樣也讓我對自己領悟更多。

從因過勞倒下來之後到目前為止，回顧我的人生，我在文字世界中看到自己，在心理學中看到自己，透過諮詢師看到自己，從繪本中看到自己，這樣看見自己的過程一直進行，從不同對象那裡看見，發掘了解自己的樂趣。我就像是無論剝多少皮都會再長出來的魔法洋蔥（？）一樣，每次都會重新發現我所不知道的自己。還有什麼比認識自己更有趣的嗎？

但比起任何媒介，最有效、最能夠無限體現自己的對象就是「他人」。他人像一面「活鏡子」，總是赤裸裸、毫不掩飾地照出原本的我。從這個意義來看，對我來說最好的對象就是來上課的學生了。

二〇一七年十二月底，我開了一門「照亮我心靈光芒的繪本」課程，簡稱「照我心」。這是一門學習從繪本中看自己的課程，大家一起閱讀同一本繪本，然後分別分享自己的讀後感，十個人就會出現十種不盡相同的感受。當然我們都知道每個人是不同的，但在每次上課時更能生動地感受到，通過這些反應，我們可以知道彼此的差異，雖然看起來像生活在同一個地球，實際上卻生活在各自的世界裡。

二〇一八年八月開始，以舊學生為主要對象的「心靈補充課程」開始了。記得我在社群網站上第一次發布「心靈補充課程」招生的消息時，緊張地想：「到底會有多少學生到現在還記得我而來報名呢？如果一個人都沒有那該怎麼辦？」幸好第一天就有三名學生立刻留言報名，之後又陸續有學生加入，就這樣我的「心靈補充課程」連著兩個季度，約十個月的時間持續開課。

長則十年，短則五、六年，再與學生們見面真是非常開心，大家互相訴說並傾聽彼此在這段時間裡的生活，也一起更新近況，不知不覺間故事自然而然地演變成當下最令他們心累的事情。有人是家庭問題，有人是感情問題，其他還有因為外貌、學校、求職、職場生活、個性、結婚、信仰、婆家、子女等問題而感到辛苦。還有人覺得生活太無聊、毫無意義；才能太多、不知道該做什麼；甚至還有因為沒有煩惱而苦惱的人。

雖然各自所處的環境與遭遇的情況不同，但讓我意外的是，我總能從他們的故事中發現自己過勞耗盡前的樣子。我的學生正經歷我曾經有過的苦惱，現在我們面對面，共同思考如何將我的經驗應用到他們的問題上，一起研究怎樣做才能好好了解自己的內心，怎麼做才能鼓起勇氣做出與以前不同的選擇，怎麼做才能守護自己又能守護別人。

剛開始，我盡量將自己親身經歷後領悟到的全都傳授給學生，老實說當下我也感受到我必須提供有效解決方案的壓力。但隨著一次次交談過後，我發現自己不是一個能幫他們解決問題的人，他們自己擁有解決問題的力量，我的作用只是讓他們鼓足勇氣，帶他們看一些沒來得及看到的部分。我的學生過著屬於自己的生活，也過得很好，他們都是自己生活中的英雄，是值得我尊敬的老師，我反而可以透過他們的各種問題，又更深入了解現在的我。

「母親」這個大議題

透過「心靈補充課程」，包含我在內，可以找出許多人共有，且是長久以來犯下的各種錯誤，也就是讓我們的能量迅速耗盡的心理模式。但是除了那些之外，每個人都還有自己的固有議題。以我來說，也有幾個代表性的大議題存在著，其中一個就是與母親的關係。

用一句話來形容，我母親是個好人，印象中從未聽過母親說討厭什麼人，也幾乎沒有人不喜歡她。她凡事總是先想到別人，總是想著要如何關懷、照顧別人。

這樣的母親與我漫長的愛憎歷史，始於我十三、四歲的時候。事情的起因是，有一天放學回來的我，覺得自己的腳掌異常疼痛，於是母親便帶我去住家附近的外科診所。在那裡做了各種檢查，第一次發現我的脊椎有些彎了，也就是現在大家常聽到的「脊椎側彎」。因為不是很嚴重，所以之前並未感到任何疼痛。但是從那天開始，母親就陷入了「必須好好修補我女兒脊椎」的想法中，只要聽說哪裡有可以治療脊椎的名醫，不管多遠都會帶我去。

就那樣，我從中學、高中、大學，甚至上了研究所，超過二十年的時間都在各大小醫院穿梭。母親是永不放棄的女性，也不覺得厭煩，總是不斷找尋新的治療方法。細數我接受過的治療，包括在骨科醫院住院詳細檢查，還有脊椎推拿、徒手治療（手技療法）、羅夫療法（Rolfing）、銀器按摩、石膏療法、冷凍療法、針灸、貼膏藥、健身、拔罐、氣功等，幾乎沒有什麼沒試過的。各種方法一開始都信誓旦旦地誇下豪語說一定能治好，有的治療一旦開始了最少三個月，最長會到一年的時間。因為那些讓人眼花繚亂的療法，讓我把最青春的時節都耗在各大小醫院裡了。

問題是其實平常不怎麼會痛，但只要去接受治療，就得承受極大的痛苦。

為了緩解因歪斜的脊椎而僵硬的背部肌肉，每次只要按壓，就會帶來劇痛。每當我躺在治療室裡，因無法忍受痛苦而尖叫、哭泣、掙扎時，母親都會緊緊握住我的手一同哭泣，「對不起，玟英啊，媽媽對不起妳。」這種狀況一再反覆。雖然知道母親是出於善意和愛，以務必治好女兒為信念才這麼做，但只要媽媽不放棄，我就得一次又一次用全身去承受痛苦。

被拖著去卻又治不好，真的令人無比煩躁，但我始終無法拒絕，因為「媽媽一切都是為我好」。媽媽不是為了自己，她是為了我，是為了讓我好起來，如果拒絕那我就成了不孝女。我討厭自己成為拒絕母愛的不孝、無恥、忘恩負義的壞女兒。所以即使犧牲自己，也想圓滿度過一切。我只要忍耐一下就好，只要我一個人能撐過去，所有人都會幸福。我就這樣說服自己並接受了媽媽的愛，直到那天來臨。

那天就和平常一樣，又要去某個地方接受類似的治療。治療時必須脫光衣服，只穿著紙內褲，趴在臉部位置有個洞的治療床上，這是治療時的慣例。那次的治療也不是特別痛，然而我卻突然冒出一種不尋常的感覺。一瞬間，過去趴在治療床上的所有痛苦回憶全都湧上心頭。我開始全身冒冷汗，手腳發抖，呼吸困難，眼淚也奪眶而出。我有一種繼續下去會死掉的感覺，對媽媽說：「到此為止吧，我要起來了。」但是媽媽堅持至少把腳腕僵硬的部分都放鬆了再走，要我再忍一忍。接著經過了三十秒吧，我感覺腦子裡好像突然有什麼東西斷了似的，可能是理智線，也可能是神經線斷了，就在那時我突然起身，連衣服也沒穿，像失了心神似地往外跑。

我跑到外面巷子裡，就地坐下，兩條腿伸直呈「V」字，然後開始咆哮，「啊啊啊啊啊！」像發瘋了一樣狂吼亂叫，聲音像從我體內極深處不停歇地噴發而出。雖然腦中閃過「我這是怎麼了？」的疑問，但我的嘴還是無法停止吼叫。沒想到我體內積壓了那麼多憤怒和怨恨！我完全、一點都不在意。感覺就像頭蓋骨飛走了一樣，不記得持續了多久，好不容易不再吼叫，但因為極度的壓力，我的胃和腸道都糾結在一起。最後在追著我跑出來的媽媽攙扶下，好不容易才回到家。

一回到家，我整個人可說是筋疲力盡，全身都累癱了。媽媽不停地揉著我的胳膊、腿、肚子，努力讓我舒服一點，然後說：「再去一次，把今天沒做完的療程做完吧。」那一瞬間，我知道時候終於到了。其實早在很久以前就應該說的，不管怎麼樣，就算是父母子女的關係，但媽媽是媽媽，我是我。如果我不願意就是不要，我不想再去了，我不想去，我早該這樣明確表達我的意思。但是我一直告訴自己，如果我愛媽媽，就應該順從她的要求。如果拒絕媽媽的要求，就會被認為是不愛媽媽，我覺得很害怕。當時的我不知道我可以愛媽媽，也可以拒絕她的要求。

那天我明確地對媽媽說：「我愛媽媽，但是從現在開始，我不會再無條件照妳說的去做。以後只要是我不願意，我就絕對不會去做。」結果與我擔心的相反，在我明確表達了母女之間，應該也有需要互相尊重的界線之後，媽媽和我的關係反而更好。當然，從媽媽的立場來看，因為我不照她所希望的去做，她必然會覺得悶、覺得遺憾；站在我的立場，我也必須忍受自己內心的愧疚和一陣子媽媽失望的眼色，但是從此不再有憤怒、埋怨和委屈，媽媽和我也就此展開了新的關係。

「父親」這座大山

我的父親用一句話形容就是位「多才多藝」的人。他彈得一手好吉他，歌也唱得好，寫得一手好書法，還很會畫畫，說話也很幽默……我小時候，爸爸是我的偶像，我什麼都想像他一樣。是這樣嗎？事實上我只希望可以得到爸爸的稱讚，得到他的認可，我心裡強烈地希望，只要爸爸可以認同我，別人怎麼想我都無所謂。

記得剛上小學不久，我拿著一百分的考卷飛奔回家跟爸爸說，但是爸爸的反應卻是「不要太驕傲，不要認為自己很厲害，人要謙虛一點才行」。其他同學的爸爸看到孩子拿到好成績，不但高興得不得了，甚至還會買禮物獎勵，但是我的爸爸為什麼是這種反應？小小年紀的我無法理解。當時我用小小的腦袋很努力地想，最後得到的結論是「才這種程度，爸爸是不會滿意的」，所以在下一次的考試，四個科目我全都拿滿分，但是爸爸的反應還是一樣。之後我考全班第一、上了中學有時還會拿全校第一，但是我像渴望生命之水一樣期待聽到父親一句認可的話，卻是難上加難。

雖然得不到父親的認可，但我還是拿到很好的成績，這似乎是我唯一可以建立的成果。然而在上了外語高中之後，我的成績一落千丈，變成全班最後一名。通常發生這種狀況，大部分學生都會努力挽救，但是我自己評估了一下，覺得成績已經無法趕上，因為從其他中學來的學生早已在補習班上過課，學習進度超出我太多了，所以高一開學後不久，我很快便決定自動放棄，反正對我來說，用功唸書只是為了得到人們的認可，我並未享受學習，所以也沒有任何留戀和遺憾。

不過我還是沒有放棄取得父親的認可。我想，如果在父親曾經從事過的藝術方面有傑出表現，也許父親就會認可我，比如我的作品獲得好評，報紙上刊登我的採訪，那麼爸爸一定會為我驕傲，也會認可我的能力。帶著這樣的期待，我輾轉進入音樂劇界，成為劇本作家，終於可以把我寫的音樂劇演出獻給爸爸。演出結束後我問爸爸感想，他的回答卻讓我大受打擊，他說：「妳的作品一點深度也沒有。」

還不如乾脆說我寫的故事很奇怪，或是角色設定不好、結局一點都不精彩什麼的，那麼無論如何我都可以修改補強，但是他說沒有深度……到底所謂的「深度」是什麼？到底要怎麼做才能建立那種深度？那句話對我就像是「妳沒有深度」的意思。我想起了在派屈克．徐四金（Patrick Suskind）的短篇小說《棋戲》[2]中，年輕女畫家同樣也得到評論家給予作品「沒有深度」的評論，她聽到之後努力想找出「深度」並體現出來，但最後卻因為一再遭遇挫折而選擇自殺。

2 譯註：原文書名 *Drei Geschichten*，中文版由皇冠出版社於一九九九年出版。

那種心情我完全可以理解。父親的眼光太高了，沒有辦法滿足他。不管我怎麼做，在他眼裡看起來都是沒有深度、是膚淺的。以我的能力到底還是無法讓父親滿意，這個事實成了我人生中最原始的挫折和絕望的根源。

有一天，我偶然參加了區廳舉辦的集體心理諮詢活動。在活動中不知怎麼地，我把在父親面前從未說出的悲傷都發洩出來。當時我嗚咽著說：「難道就不能說我真不愧是爸爸的女兒嗎？只要這樣一句話就足夠了，有那麼難嗎？只要爸爸能認可我，那麼我就不用在外面為了取得別人的認可而苦苦掙扎。到底我要怎麼做爸爸才能認可我呢？」

或許是那件事給我的勇氣，後來我因為過勞在家中休養的某一天，我直接問爸爸：「爸，之前請你去看我寫的音樂劇，可是結束後你說沒有深度，那到底是什麼意思？」令人意外的是，爸爸根本就不記得說過那樣的話，但是我堅持說自己記得很清楚，他想了想說，當時可能只是想說些聽起來很酷的話吧，但一時之間卻只想到那個詞。太荒唐了！原來實際上那句話根本毫無意義，但我卻為了尋找那份意義，一直有苦說不出。但我不怨爸爸，因為是我自己那樣解讀的，完全是我誤會了，還不如當時在現場就問清楚那是什麼意思。如果當時那樣做，在往後那麼長的歲月裡，我就不用白白戰戰兢兢地過日子了。

那段對話成了轉捩點，我開始向爸爸追問我理解錯的部分，這才知道實際上爸爸一直都很愛我，但不是因為我什麼都做得好，只因為我是他女兒。只要做女兒的我幸福，爸爸就夠了，他也不知道我為什麼要活得那樣汲汲營營，讓自己活得那麼痛苦，他覺得很心疼。當初要孩子不能自以為是，強調要謙虛，這也是有原因的。因為爸爸看過太多人因為相信自己很優秀，就草率地行動，結果跌得很慘，他擔心我也會變成那樣，想防患於未然才會對我耳提面命。

我一直以來都想成為像爸爸那樣多才多藝的人，但因為不管如何努力，都無法追上爸爸的挫折感以及自卑感，反而誤以為爸爸討厭我，所以不認可我。就和我與媽媽的關係一樣，因為我沒能好好分清楚爸爸是爸爸，我是我，而只是硬想成為和爸爸一樣的人，才會落得這種下場。

真的很討厭外貌情結

最早開始會跟其他人比較外表，大概是小學的時候。我是個早熟的孩子，很快就知道大部分男孩最喜歡的人氣女孩是哪一種類型，並且開始注意她們與我的差異，觀察結果，我得到的結論是受歡迎的女孩，大部分都是一看就是女孩樣，臉長得漂亮、身材修長、有一頭飄逸的長髮還別著髮夾或戴髮箍，說話或行動都很溫柔，還會動不動就發出「哇啊～」的聲音輕輕地笑。現在回想起來當然也有很多女孩不是那個樣子，但當時在我狹隘的見解裡，「受歡迎的女孩＝漂亮女孩」。相較之下，我是屬於不漂亮的女孩，而且我無論如何都無法成為她們，既然不能成為漂亮女孩，我決定乾脆就像男孩一樣好了。

於是從那時候起，我把頭髮剪短，心想既然不漂亮，至少也要帥氣一點，成為我一貫的主張。這樣的症狀在讀女中、女高、女大期間變得更加嚴重。我的頭髮越剪越短，校服上衣的鈕釦鬆開幾顆，比起端莊的感覺，我更想給人看起來粗曠的感覺。同時我還會盡可能以強烈的方式表達自己想說的話，如果有必要還會故意罵人，走路也大喇喇的，就像不良少女。像男人一樣的女人，會保護「哇啊～」蜂擁而至的女孩，我的目標是看起來像電視劇裡的女強人一樣。只有這樣，我才不會和那些女孩被放在同一個基準線上進行比較，換句話說，我是為了不想被比較，所以乾脆讓自己變成無法比較。

沒有女人味這件事在我心中形成一種自卑感，在那之後不斷發生一些強化自卑感的事（但也有可能是因為我有那種自卑感才發生，或者是我自己選擇性地只記住那些事）。與一般女孩相較，我天生就是屬於汗毛較多的人，不過我一直沒有意識到這一點。大概是小學高年級的夏天，在公車上，因為沒有座位，所以我手拉著吊把站著，在我旁邊有一位大叔，當時也許他只看到我手臂上的手毛，以為我是男的，後來大叔要下車時，轉過身來才看到我的臉，他當場一副受到驚嚇的表情，很大聲地說：「啊！嚇我一跳，原來是女的啊！」那一瞬間我極度感覺到「羞恥」。那天以後，除了學校制服之外，我再也不穿任何裙子，一直到小學畢業，我整個夏天都穿著長袖衣服。

上中學時，同班同學中有一個胸部發育特別好的女生，在當時，中學生如果胸部大，比起羨慕，更容易成為被取笑的對象。於是，那個女同學每次上體育課時都會成為笑柄，她因此受到很大的壓力。也許是因為這樣，她把當時班上胸部發育最慢的我當成靶子，將她的壓力發洩在我身上。上體育課換運動服時，她常常動不動就來到我旁邊說：「妳前後都是背啊？」、「妳根本沒胸部只有兩粒葡萄乾啊！」經常說些侮辱性的話。有一天她似乎是累積了很大的壓力，突然針對我毫不留情地說：「喂，妳胸部那麼小，將來沒有男人會愛妳的。男人都喜歡胸部大的女生啊！」當下我感覺好像被魔女下了詛咒一樣，我無法反駁那句話，因為實際上我也那樣認為。從此那句話就刻印在我的心裡。

那句話讓原本就自覺女人味不足而感到自卑的我，心完全凍結了。從此我的腦海中開始出現荒誕不羈的邏輯：「我的胸部小↓男人喜歡大胸部的女人↓所以沒有男人會愛我↓萬一我愛上了某個男人，為了他的幸福，我不能跟他結婚↓因為他和胸部大的女人在一起才會幸福，如果我真的愛他，就不能跟他結婚」。雖然現在回頭看，那根本就是錯誤百出、風馬牛不相干的邏輯，但在當時，我是真的那樣相信，而且還很害怕萬一將來出現心儀的對象，在得知我胸部那麼小後會離開我。或許就是那樣，我在不知不覺中排斥談戀愛，只選擇偷偷暗戀，風險比較小的單戀。

進入大學之後大概三月中旬[3]，系上有了第一次聯誼。是八對八的聯誼，我們系上當然都是長得漂亮的女學生代表參加，現在來看，可算是「復仇者聯盟」等級的。但是在聯誼之前，突然有一個學生沒有辦法參加，這樣變成七對八，對男生那邊似乎不合乎禮儀，但又不知要找誰替補，而我正好有時間，她們就決定帶我去當代打。到了會合地點，當我們和男生在一張長桌面對面坐下的瞬間，我就知道誰是當天與我配對的人。雖然不知道對方是不是也像我一樣是代打，但男方八人中也有一個所謂「級別低」的男學生。我們霎時就結成「拆彈班」的夥伴，意思是我們自己看狀況動手自爆，不要破壞其他雙雙對對的浪漫氣氛。或許是我們都心知肚明，所以彼此的心情都不太好，那次聯誼讓我又再度受到傷害。

還有一次，在ＰＣ通信社團活動中，晚上大家在啤酒屋喝酒聚到很晚，凌晨三、四點左右要攔計程車回家，擔心女生單獨攔車不太好，同社團的前輩們便陪我和另一位女性友人一起去攔車，這時一位前輩對我說：「妳的臉就是武器，有什麼好擔心的？」接著對一旁的女性友人說：「雖然有點擔心，不過別怕，我會把車號和司機名字記下來。」果不其然，就像證明前輩的預言一樣，那位女性友人事後說，當天乘坐的計程車司機還跟她搭訕說一起去喝酒，她情

3 譯註：韓國的學校都在春天，三月左右開學。

急之下給司機看戒指，謊稱結婚了才解除危險。而我呢？我和計程車司機只針對路線討論了一下，然後安全抵達家門。雖然聽起來很荒唐，但想到那位前輩說「臉就是武器」是不爭的事實，心裡就覺得很苦澀。

在擔任講師生涯初期，每當學生們要求和我拍照留念時，我都搖搖手拒絕。當發現他們試圖偷拍我時，更是會用手遮臉或轉過頭，拼命躲避。雖然學生們會傷心，但是我更討厭以自己都不知道的奇怪面貌出現在別人的鏡頭裡。沒有辦法，大家的手機裡都是滿滿的自拍照，但我沒有。我討厭不漂亮的自己，討厭不像別人有女人味的自己，當時的我就是討厭自己，真的。

快速耗盡我能量的一切

為了不要再讓自己發生過勞的狀況，我必須找出導致過勞的核心原因。前面提到在我生命中向來都是問題的三大議題——好人情結、想得到認可的慾望、對外貌的自卑感，除此之外，還要仔細找出讓我感到疲憊的因素，這樣才能找出應對的辦法。我先回想了一下，在過勞症狀爆發之前的生活中，我最常說的話是什麼，是「瘋了嗎？」這幾乎成了我的口頭禪，每天總要說好幾遍，我會在生活中反覆這麼說，是因為發現有太多無法用我的常識和標準理解的人。不知道是這世上本來就有很多瘋子，還是只有我身邊有那麼多瘋子。總而言之，要避開那些像地雷一樣無所不在的人真的很辛苦。

從當時我自己對「瘋子」的特別定義來看，首先，是赤裸裸地只追求自身利益的人，極其自私，只知道自己，對別人連一丁點關懷都沒有的人，讓人會忍不住說「怎麼可以那樣？」的人，這種人就是我認為最具代表性的瘋子類型。可能是因為當時我完全陷入好人情結中，以我的標準，不善良的人全都是「瘋子」，身為好人的我是正常人，壞的你就是不正常。

其次被我視為「瘋子」的是不把對方放在眼裡，只顧著盡情表達自己的慾望或情感的人。那種人會明白表達自己的要求，並大聲說「不可以嗎？快點幫我做啊！」一旦不順他的心意就臉紅脖子粗地「哦哦！哦哦！」大聲表現出來的人。最瘋狂的是他們在大大發洩過後，將自己的情緒都釋放出來，然後就像什麼都沒發生過一樣，又變成看起來很親切的人，哇……真的，在我眼裡，那樣的人完全就是瘋子，我就算死而復生也不願成為那樣的人，我總是戰戰兢兢地想著要如何隱藏自己的慾望，不表露自己的感情，但那些人正好與我相反，我完全無法理解他們。

最後一種「瘋子」的類型，是與我價值觀不一樣的人，如果看到有人的行為與我的信念不同，我就會覺得「瘋了嗎？」簡單舉例來說，我對於在路邊隨地吐痰的人是絕對無法容許。以我的基準來說，吐痰這個行為本身就是不衛生也是沒有禮貌的事，尤其在外頭隨便什麼地方吐痰更是要不得，至於對方是為什麼必須在那一瞬間吐痰，這一點都不重要。不論男女老少，我只要一看到有人吐痰就會皺起眉頭，毫不掩飾在臉上顯露鄙夷的表情，還怕吐痰的人沒看到，會直直盯著對方看很久。

活在有這麼多瘋子的世界，我真的好辛苦。要找到與我一樣的正常人就像摘天上的星星一樣難。剛開始看起來還不錯、好像很正常的人，在稍微深入了解之後，就會毫無保留地展現出瘋子的面貌。沒有人與我心意相通，我越來越孤獨了，經常有種「是我太奇怪嗎？」的自愧感。別人做那種像瘋子一樣的事，卻過著快樂的生活，為什麼只有我這麼痛苦，我真的無法理解。漸漸地我對於人際相處開始感到疲累，別說認識新朋友，就算是跟原本就認識的人見面也會抗拒。我對他人的期望只有一個，「拜託請讓我一個人靜靜待著就好」。在別人面前，我必須忍受自己無法理解的部分，努力不顯現出不耐煩的樣子，所以到後來每次與人見了面回到家，我都像全身的能量耗盡了一樣，疲倦又無力。

既然跟別人見面相處是如此活受罪，自然就想「斷絕」關係，就像現在常聽到的「潛水」。遇到不想見的人，覺得相處起來讓我煩躁時，心裡就會迫切希望斷絕所有聯繫，讓我獨自安靜地過日子就好。忍著忍著，到了忍不住爆發的地步，就會突然更換手機號碼，與人斷絕聯繫。不知緣由的人們，會驚慌失措地找我，但很快就會放棄。（話說人們太輕易放棄這點也會讓我很不高興。）

但是結束潛水又再次浮現在人群中的也是我自己，因為我總不能一直不見人啊！既然出生在這個世界，人註定都要活在生死之中，但不知如何才能在這個瘋狂世界保持完整的精神生存下去，即使不願意也只能忍。忍得久了會精疲力竭，那麼累了就躲起來，等休息夠了再出來。這種時候，其實人們都覺得我很奇怪，而我則有各種藉口——因為我生病了、工作太多、有無法說出口的苦衷等等。活著不是一件容易的事，而九成的原因都是人造成的。我真的特別討厭除了我以外的瘋子們。

也許正因如此，我覺得自己的人生就好像一直穿著不合身的衣服。用另外一種表現方式，就是格格不入。感覺哪裡都不適合我，沒有歸屬感。有時覺得自己像是為正義而戰的鬥士，又像孤獨帥氣的理想主義者，自我安慰。但在大部分情況下，我活得比其他人都累，常常覺得委屈。最讓我無法理解的是，我一方面非常討厭這個瘋狂世界，但同時卻又希望完全歸屬其中。我一直希望自己能屬於主流，希望自己能成為在這個世界中不可替代的存在。雖然我動不動就跟人斷絕關係，但其實是渴望得到所有人的喜愛。在如此極端的兩種心情之間，當處於不知所措的時候，我的能量卻也莫名其妙地消耗殆盡。

接下來我要將深入觀察內在複雜的心情，從中得到的發現說出來。我的內心裡到底在想什麼？我心裡真正想要表達的是什麼？我如何對自己的內心如此不屑一顧？然後還要看看我的能量是如何快速消耗的，也談談如何不再消耗我擁有的能量。希望我這段「過勞」的經歷，可以對其他人有幫助。

Chapter 2

極端的二分法思考

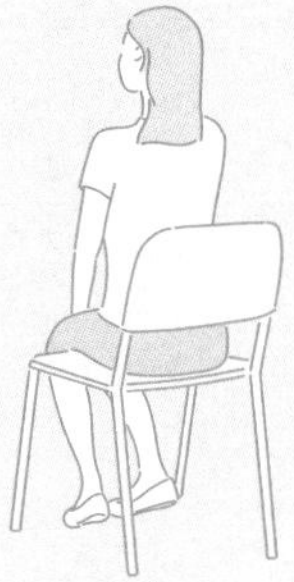

選擇只有兩種

人們不喜歡模糊的東西。這個就是這個，那個就是那個，受不了不是這個也不是那個，不明確的事物。認為不管什麼都必須是明白清楚的，不管何時都堅持只有用黑或白這樣明顯的分別，才能表明自己的主張。相反地，如果不表現出那種態度，就會很容易被指責處於灰色地帶、動機不明、中立、模糊不清。所以我們常會被問到要選這邊還是那邊？贊成還是反對？該不該做？該不該買？被催促著趕快做決定，同時對有選擇障礙、無法立即做出明確答覆的人感到十分寒心。但是這種二分法的思考，正是急劇消耗我們能量的原因之一。怎麼說呢？

大家都認為這世上存在兩種人，好人與壞人，是真的嗎？如果是，那麼你是哪一種人？是好人？還是壞人？在職場生活中，對上司順從、對同事友善、對顧客親切，但是一回到家，對媽媽不耐煩、對弟妹大聲咆哮、還會踢小狗，這種人是好人還是壞人？雖然詐騙他人錢財，但那些錢全是為了自己心愛的家人，那種人算好人還是壞人？

假設你被公認為世上最善良的人，而且充滿奉獻精神、處處與人為善，儘管對方說不需要幫忙，你依然還是堅持要幫助他，直到最後。但對方卻因為你而疲憊不堪，幾乎要瘋了。那樣的你是好人還是壞人？

真相是人有時善良、有時壞。你可能對某人來說是好人，但對其他人來說卻是壞人。也就是說，人類既善良同時也壞，生活並不會像我們想的那麼單純屬於兩者之一。我們的生活像硬幣的兩面，乍看前後是分開的，但事實上別忘了兩面是同一枚硬幣。根據看到硬幣的哪一面，會有正、反兩種樣貌。一枚硬幣不會只有正面，也不是只有背面。同一枚硬幣必然都有兩面。

雖然事實如此，但遺憾的是我們依然經常陷入二分法思考的誤流中，而且已經很自然地滲透進入我們的日常生活，我們自己並不會意識到，因此，有必要檢視一下我們覺得理所當然的事情。

S常常煩惱男友到底愛不愛她，她是一個對愛情極端的人，男友要每天送自己回家才是愛的表現，如果臨時有事，不得已不能送自己回家，她就會覺得愛情變質了。一天至少要通電話三次以上，如果男友因為太忙忘了打電話，她就會擔心男友是不是變心了。不管什麼事情都必須把自己放在第一位，哪怕只有一次，只要男友把家人、朋友、工作看得比自己更優先，那就是不再愛自己的證據。她總是認為，如果不是百分之百完全地接受她，就等於不愛她。二分法思考的一大危害就是對這種完整性的執著。

具有二分法思維的人，通常慣用以下詞彙：總是、一直、始終如一、純粹、完美、完整、只有、只屬於我、永遠……這些話往往蘊含著絕對不能違反的前提。每天都要始終如一地做到，對於個人利害關係完全不算計、沒有私心，只有純度百分之百的真心才是唯一。可是如果近乎強迫地追求極端，就會消耗很多身體和心靈的能量。為什麼?因為夢想的是不可能的事,卻為了實現那個不可能而使出渾身解數,結果導致能量飛快地消耗。

人怎麼可能永遠都始終如一呢?人體的生理節律一天也會變好幾次,根據不同狀況心就像翹翹板,如何能總是對你好?又怎麼能維持一樣的愛呢?如果認為「如果你真心愛我,就應該這麼做,只有這樣才能證明你是愛我的」,當對方沒有如你所願時,必然會感到憤怒和失望。以二分法思考的結果,對生活的滿意度會降低,因為無法接受不完美,只要摻入一點雜質,就會認為搞砸了。不是完全滿足,就是完全失望。一句話,兩者落差非常大。但遺憾的是能夠完全滿足的情況極少,多數只能長時間在不滿和失望中度過。

Q的兒子才小學二年級,但放學後緊接著馬不停蹄連跑四個補習班趕場,直到深夜才回家。孩子很快就沒了活力,脾氣也變得容易煩躁,從頭到腳看起來都像個不幸的孩子,Q同時也承受孩子的情緒,感覺像在地獄裡一樣,大家都不幸福。我勸Q:「孩子太累了,不能少上一、兩個補習班嗎?」但Q說:

「那就等於叫我不要把孩子送去補習班，是要他一年三百六十五天都在玩嗎？」

Q的反應異常極端，在她腦中只有兩個選項，「四間補習班全都要去」或「一間補習班都不要去」。以Q的立場來說，那四間補習班教的科目都很重要，所以四間都必須上，沒有一個是可以捨棄的。在外人眼中雖然多達四間補習班，但是在Q的眼裡等於是「一間」，所以對她來說一、兩間不上就等於全都不要上。這是二分法思考模式的一種偏激案例。

以二分法思考的人認為，一旦必須選擇就只有二選一，如果選擇這個，就要做好完全失去另一個的準備，代價太大了。不讓孩子上任何補習班，讓孩子在家玩，身為媽媽是很難承受的情況。因此，不管孩子多累，還是要送他去上四間補習班，沒有所謂中庸的方法。對Q來說，只上三個、放棄一個；只上兩個、放棄兩個，這些可能性都不存在，只有四個補習班全上，要不然就是全都不上。這種極端的思考方式，絕不可能做出最佳選擇。

在許多種二分法思考模式的案例中，讓我最心痛的就是年輕人對成功和失敗的二分法。如果不成功，就是失敗。很多人僅因為沒能就業、考試不及格、參加選秀落榜、成績不好等理由，就輕易將自己定位為「失敗者」。他們的腦海中只有「就業＝成功」、「未就業＝失敗」等極端公式。

但真的是那樣嗎？如果把就業當作目標，在尚未就業和就業之間不應該是「失敗」，而是「走向就業的過程」。因此，他只是正在過程中、正在挑戰中的人，是為了目標而努力的人，絕對不是失敗的人。

「未就業＝失敗」到底是誰創造的公式？在這世界上，有很多人即使沒找到工作，卻能創造屬於自己的事業，走出一條地圖上沒有的路。沒有合適的地方可以進去，就自己開創，沒有理由只因為沒能就業就烙上失敗者的印記。

追根究底，生活中很多痛苦的理由都是因為這種二分法思考模式。總是想在生死關頭做選擇，當然會很難。只有這樣才能活，不然就是全毀嗎？絕非如此，希望你能記住，人生中存在無數的可能，在0與1之間還有多少數字知道嗎？0.4、0.07、0.001214、0.000625612……有無限多呢！

原則和約定，遵守或不遵守

二分法思考模式並不侷限於用極端的判斷來限制自己，有時還會以自己的二分法思考為標準來評判他人，破壞自己的心與關係。

我是個認為一定要遵守約定或原則的人。無論是人與人之間的約定，還是公共秩序等社會中應該遵守的規範，我相信所有的約定都是重要的，而且必須遵守。相信這個一定要這樣，那個必然是那樣的模範生。在我心中以嚴酷的二分法思考，守約與不守約的標準，守約就是好人，不守約就是壞人。因此，我很自然對所有不遵守約定或原則的人感到憤怒。

舉例來說，一群行人在八線道的大馬路邊等待紅綠燈轉換以穿越斑馬線。一輛汽車加快速度想搶黃燈通過，結果還是來不及而停在斑馬線上，從兩邊走來要穿越馬路的行人們都必須繞過這輛車，造成不便。這種時候我就會對造成這種狀況的駕駛感到憤怒和不滿，「怎麼可以只想到自己？」會想看看那個自私的駕駛到底長什麼樣子。因此經過車子前面時，我會用最可怕的表情，殺氣騰騰地瞪他。如果可以，我想踢車子一腳。不，我甚至想拿著斧頭爬到車子引擎蓋上，無情地砸碎玻璃。「不遵守行車秩序的你不是人！像你這種駕駛應該受到懲罰！」光用想像的，我緊握拳頭的手心裡就快冒出汗了。我憎恨那個根本素不相識的駕駛人，好不容易才抑制住想懲罰對方的情緒，卻因為消耗了太多能量，一過馬路就覺得疲憊不堪。

在安靜的公車裡大聲講電話的人、星期日在教會前面併排停車的人、不遵守規定的上課時間，隨心所欲提早結束的講師、走在路上故意吐痰的人、在公共場合不管別人自顧自大聲笑鬧的人們、在觀光勝地的岩石或樹木上刻字留名的人、硬是闖入標示「禁止進入」的草坪的人、在劇場或電影院觀賞到一半隨意與鄰座聊天的人……這些不遵守原則和約定的人都讓我想發瘋。身為共同生活社會的一分子，當然任何人都應該遵守基本規範，他們卻不遵守，我不想認識他們，也不想理解他們。只希望那些人都消失算了。我是極少數的正常人，而他們是絕大多數的瘋子。

其中我最討厭的就是不守時的人。當然，在外表上我絲毫不會表現出討厭的樣子，反而裝作理解、裝作寬容，但內心對那個人的信任已經跌入谷底。我在心裡劃清界線，決定以後再也不和他往來。我不相信連約定的時間都無法遵守的人還能做什麼，我在心裡徹底貶低那個人的未來可能性。只要失約一次，我就將那個人完全排除在我的生活之外。因為我為了遵守約定時間做了很多努力。至少提前半個小時到約定地點，人生總會有變數，所以應該提前考量也許會被什麼事耽誤的可能性，早一點出發。但同時我又怕到得太早會讓對方覺得有壓力，所以即使提早到了也會先在附近逛一逛或先確認餐廳位置等來消磨時間，直到約定時間前一分鐘才出現。

或許有人認為，已經很熟了晚一點到沒關係，對那種人我想說的是：「為了遵守約定而做的努力並非不算什麼。為了守約，我先放下自己的事早早準備好了，你怎麼能若無其事地遲到？我的時間和精力，難道不珍貴嗎？即使有不得不遲到的迫切理由，在我看來也只是藉口而已。不管發生什麼事，你都要準時來，那是對我的基本禮貌。你現在這樣是無視我、是在嘲笑我。」若有人遲到了還說「又沒什麼了不起的，幹嘛那麼生氣？」我就會跟那個人絕交。

不管發生什麼事情，我都要成為遵守約定的人，不容許任何理由，別人都會遲到，但我可不會，因為我不容許自己那樣。我的標準是嚴苛的，不允許有絲毫誤差，對我自己和他人都一樣。久而久之，我遵守並看重所有的約定和原則，對那些不守信用或違反規範的人感到憤怒、心灰意冷。生活已經很緊繃了，還不時為了別人而生氣，只讓我越來越疲憊。我沒有餘力去理解各種可能，也沒有心情去考慮對方是不是真的情非得已。對我來說這個世上只有好人和壞人兩種，而我無論如何都要站在好人、正直的人、善良的人這一邊。後來我花了很長時間才醒悟，用這種非好即壞的二分法思考來判斷一切是錯誤的。

與他人的關係，要好或絕交

極端思考模式容易破壞關係，這是我在上寫作課時發生的事情。我們每週根據不同主題，自行寫好文章後上傳到班上的網路論壇。學員互相瀏覽過後，會留下讀後感或意見。那是我非常喜歡的課。有一次正好遇到國定假日，所以休息了一週，但已經習慣在每週同一天上傳文章的我，卻因此感到有些空虛和無聊，儘管這週休息，但我仍自作主張隨意定了主題寫文章上傳。其他學員看了之後紛紛留言「真不愧是模範生」、「怎麼這麼勤奮」、「真是太厲害了」，我看了有些沾沾自喜，對自己的作法感到很滿意。後來，我看到又有新留言，於是懷著興奮的心情進入留言板確認。是一位五十多歲的學員崔大叔留言，「如果無聊就去看書，要不然去睡覺也行，難道就那麼無事可做、閒得發慌嗎？不知道別人的一天是怎麼過的，人家都忙得希望時間能暫停，或者延長三倍啊。」

我愣愣地盯著螢幕，心情異常平靜。與其說平靜，不如說是心沉了下去。這是危險的徵兆。看了留言後，我第一個想到的是「我要刪除我在論壇上的所有文章和留言」，然後我又想「把那些文章刪掉後，就要退出論壇」，而且「以後再也不要去上課了」，這前後好像只用了不到三秒鐘的時間，滑鼠箭頭已經指在「刪除」選項上了。只要發現了侮辱我、誤解我善意、觸怒我自尊的言語，不管在哪裡，不論是多麼重要的人、多麼難得的機會，我都會無條件地放棄，斷絕所有緣分。我沒有勇氣直接向傷害我的人發洩怒氣或鬥爭，只能把所有的憤怒引流到自己內在，反覆進行自我破壞。我用這種示威方式來證明自己生氣了，你們就是透過破壞我，來懲罰我。

像我這樣具有二分法思考的人很容易成為「絕交達人」。不管平時相處得多麼融洽，一旦出現受傷或不順心的情況，就會立即絕交。老實說，至今真的與很多人斷了緣分，甚至可以整理出我的「絕交史」。無論是一年還是十年的情誼，認識的時間長短並不重要，重要的是我的形象出現瑕疵。不管什麼時候我都應該是好人，一旦有人誤會我，指責我做錯什麼、說錯什麼，或是讓我感覺被瞧不起，我就會抑制不住心中的憤怒，進入絕交模式。

所謂的「絕交模式」，第一步就是將對方的電話號碼刪除，或是換掉我自己的號碼。在共同加入的網路論壇或部落格、聊天室，把我上傳過的所有文章和留言全都刪除後退出，連電子郵件和訊息也全都刪除。換句話說，就是將可以與我接觸的所有可能管道全都截斷。把我的存在從對方的人生軌跡中消除，我認為就是在懲罰那個人。為什麼？因為我是好人，不知道要結識一個好人有多難嗎？「竟敢」懷疑我！既然說我的不是，那麼我就讓他付出失去我的代價。（當然，實際上對方對於我突然不聲不響地就失去聯繫，可能只會覺得一點點驚訝，甚至根本就不知道我把他刪除了。）

啟動絕交模式之後，我會徹底自我合理化，「我沒有做錯什麼。錯的是誣陷我的對方。」基於這個邏輯，開始揭開過去令我失落的一切。長時間在一起，難免都會受到傷害和遺憾。無論多麼喜歡彼此、多麼親近，要找出對方的缺點並不是很難。我回想起那個人的弱點和失誤、性格上的缺陷，他自然而然就不是那麼美好，而我的心情則會越來越好，「是啊，我沒有做錯什麼。我只是個委屈的受害者，壞的是那個人。」

斷絕了越來越多的緣分，我不斷成為委屈的受害者、案例中可憐的主角，不斷產生疑問，「為什麼我身邊總有那麼多奇怪的壞人？」在過勞之前我真的很好奇，「為什麼只有我會發生那麼多必須絕交的事？」但是現在有了答案。因為我在極偏激的二分法思考之下，絲毫無法容忍任何誤解。一次次失誤怪罪別人，又不願承認自己可能犯下了錯誤，自我合理化將他們全都歸類為壞人。結果，我付出了孤立和孤獨的代價，就連後來再結識新朋友時，第一個想到的竟是擔心這個人會不會誤解我。但越擔心就越容易發生那種事。

必須百分之百互相信任，不能有任何意見差異，如果不能愉快地相處，就只有絕交一途，這讓我的朋友關係一直處於緊張狀態。為了避免造成誤會，為了不讓任何小事成為起爭執的藉口，我必須盡量配合朋友。不想做也做，不想聽也聽，不想吃也吃。為了維持我心中完美的友誼關係而竭盡全力，直到某一天，當我的完美努力受傷了，哪怕只是很小的誤會，我也不要有絲毫猶豫，立即絕交！

老實說，在啟動絕交模式的瞬間，有時會覺得自己如此冷靜、毫不留情，甚至有點可怕，那種樣子瀟灑又帥氣。之前為了達成完美相處模式，我要看朋友眼色，忍住慾望，但在決定絕交之後像是狠狠打了復仇的一拳似的。我想讓他們因為小看我而後悔，感受到失去我的空虛有多大，我還會想像他們回頭找我苦苦哀求認錯的樣子。我跟他們絕交是要讓他們知道我是多麼重要的人。但遺憾的是那些事都沒有發生，朋友們沒有來找突然消失的我，他們只是因我突然果斷的絕交而受傷，因我從來沒有表露過真實的想法而感到被背叛。

自作主張胡亂發表絕交宣言時感受到的短暫快感消失，等回神後才驚覺「我到底做了什麼？」如果最終會變成這樣，我當初為什麼要費盡心思維繫我認定的完美關係？在像朋友之間親密的人際關係中，我卻一直像玩翹翹板一樣上上下下，終至疲憊不堪。

人與人之間的距離，總是一個人或總是在一起

人都具有個體化與歸屬感。簡單地說，「個體化」就是想一個人獨處的心情，而「歸屬感」就是想在一起的心境。雖說兩者的程度因人而異，但這兩種感覺是共存的，所以有時當與其他人在一起時會想念獨處的時光，但當獨自一人時又覺得空虛。最理想的狀態是那兩種情感在某種程度上都滿足；最病態的是兩者極度不平衡。過分追求個體化，與其他人完全不協調的人很危險；過分追求歸屬感，絕對無法獨處的人也很危險。所以應該尋找合適的平衡點，當然這不是件容易的事。

從非常個人的角度來看，若想理解個體化和歸屬感，可以從人與人之間的適當距離和私人界線來看。人與人之間若沒有適當的距離而緊緊黏在一起，彼

此間不具備心理上的獨立性，必然會變質成不健康的關係；相反地，如果與人之間的距離太遠，在需要時無法感受到對方的溫暖，就很容易陷入孤單中而枯萎。因此，我們每天都在「靠近一點，但不要靠得太近」或「離遠一點，但不要離得太遠」之間進行拉鋸戰。這句話本身就很模糊，但更大的問題是每個人需要的距離都不一樣。

在人際關係上，其實我是那種初次見面就能「咻」一下融入的風格。與初次見面的陌生人也能輕鬆地交談，甚至會一下子就跟對方掏心掏肺，只要合得來，初次見面也能像認識十年的知己一樣親近。但這並不是說我天生具有社交能力，其實我很難忍受與他人相處時陷入尷尬的沉默，只顧著互相察顏觀色。我沒有自信承受那種沉重的感覺，所以寧可犧牲自己也要努力炒熱氣氛。如果發現有人被冷落，就會主動接近搭話，甚至拿自己開玩笑逗弄他人。或許這樣的想法很奇怪，但是只要現場氣氛一冷，我就會莫名地覺得都是因為我的關係。

但其實很多人對這樣的我感覺有壓力。如果我主動打招呼，裝作很親近，有些人的表情反而會變得更僵硬、更不自在。也曾有人說過，實際上並不怎麼親近，我卻一股腦地把心裡的話全都傾訴出來，讓他們感到非常困惑，甚至有人會當面表示「希望不要說那種話」。要不就是感覺自己也要勉為其難吐露一些心裡話似的，很有壓力。有人說我輕浮、無聊，應該要盡量避開我。聽到那些話，我一方面覺得難為情，另一方面心裡更覺得受了傷，自然而然就與他們有了距離。

不過相對地，也有一開始就很談得來、迅速變親近的朋友，因為感情好，所以無視我的私人領域，想知道我的一切。對我整天到哪裡去、見了什麼人、做了什麼事，都要追根究底問個清楚。有事沒事就打電話閒聊，幾乎做什麼都要跟我一起。如果我說有事拒絕的話，就會馬上表現出失望的樣子，然後埋怨我。這時我才明白過度的關心和愛、友情會讓人窒息，我像被火燙傷的孩子一樣，從此與他們保持距離。

被人的熱情和冷漠打擊，漸漸產生了畏懼之心。因此，我要先樹立起能夠保護自己的警戒線，確保不被他人擺布。要想做到這一點，首先要知道自己想要什麼。歸屬感和個體化我比較重視哪一個？哪一種感覺讓我比較痛苦？對我而言，歸屬感和個體化之間適宜的比率是多少？

重點是，這是只屬於我的標準。因為每個人的私人警戒線都不一樣，不可能統一。同樣的行動，有些人感覺是疏離，有些人可能會感到負擔。因此每個人與他人之間適當距離的標準都不同，如果有機會，可以明確地告知對方，不過在社會生活中，通常很難這麼做。

過分強調歸屬感的社會文化會讓人喘不過氣來，這些人常用的口號之一就是「我們是一體的！」重視大家同心、有同樣的想法，忽略個人的差異性。如果有人太突出，展露差異性，就會被認為是妨礙整體和諧的威脅。認為聚餐時全體職員必須無條件全部參加，才能展現真正團結力的公司，是危險的。

完全不尊重差異性的公司與獨裁體制沒有什麼兩樣，不考慮個人事由或特殊情況，沒有靈活性是陷入極度二分法思考的地方。出席者忠誠，缺席者就是反抗。只要跟大家不一樣，就會立即被指責為是有問題的異質存在，並加諸「突出」、「放肆」、「輕浮」等帶有否定意味的標籤。在這種地方，個人的自由幾乎沒有意義。

相反地，過於強調個別差異的地方也同樣存在問題。在追求最大限度地尊重個人自由的氛圍之下，各自只負責自己的工作，彼此之間沒有任何交流會讓人感到淒涼而孤獨。不過神奇的是，即使認為自己一個人最好，無論做什麼都覺得一個人比較自在，但心裡還是會一直存在對「歸屬感」的渴望。他們有一種迴避的傾向，就是為了逃避人際關係帶來的壓力，乾脆避開人，結果留下的是孤獨、寂寞和空虛感。我們可以從大家上傳到社群網站的照片中發現，那些最幸福、快樂的時刻，很多都是和別人在一起的時候。當我們和別人在一起時，快樂就會加倍，這是顯而易見的事實。獨自一個人是絕對活不下去的，不管喜歡不喜歡，人類在生活中還是必須仰賴關係，只有與他人合作，在社會上生存的可能性才能進一步提高。這說明了人與人之間的關係確實扮演了生活安全網的作用。

個體性與歸屬感，關鍵在必須根據自我的標準和需要進行調整。想要獨處的時候可以選擇獨處，但和別人在一起時也能自在相處。可以一個人，也可以在一起，那樣的人會更幸福。個體性與歸屬感兩種狀態都是有好處的，如果走得太近就會想離遠一點；離得遠了，又會想要靠近一點，這是人之常情。只要我們都能建立自己的標準，在兩種狀態之間適度調節，那就再好不過了。

規則和框架，拒絕或跟隨

前面在提到個體性和歸屬感時，曾舉公司為例，不過在家庭中也一樣。如果因為是家人，所以不能缺席任何家庭活動，同樣會令人窒息。家庭內部存在著很多潛規則，有些家庭會視為家訓，大部分家庭則是透過共同生活，自然而然地套用這些規則。

R的家裡有「無條件一定要在家裡睡」的規則。從「無條件」二字可以看出，R的父母不允許任何可能性，如果不遵守就是反抗，是不孝子，成為破壞家庭和諧、引起不安的元兇。但現實中，隨著年齡增長，不能在家睡的情況太多了。無論是學生時期的修學旅行還是社團活動，到出社會後赴外地開研討會、出差，甚至去旅行，都會遇到必須外宿的狀況。R每次都得為了說服父母而費盡唇舌。不管怎麼解釋，父母總是會說：「一定要去嗎？在外面怎麼會睡得好？回家睡了隔天再去不行嗎？」一點都不能理解。每當這時，R就會感到胸口悶得快要爆裂，讓他更堅定要盡快獨立離家的想法。

家庭規則應該是為了整個家庭的安危和成員的幸福而規定的最低限度馬其諾防線，如果因此而讓生活更加不便、困難、麻煩的話，或許我們應該重新思考一下規則的定義和目的。

在我們心裡潛藏了許多潛規則，其中也有透過像父母或家人等自己信任的人所灌輸的規則。有在學校被老師強迫遵守的，也有在社會團體生活中觀察領悟到的。即使沒有人引導，我們也可能是自己給自己定下規則。這些規則通常是「必須如此」、「不能那樣」。規則多半披著道德的外皮，所以被視為應該遵守的某種約束。所以，遵守規則的人成為好人，不遵守規則的人就是壞人。想成為善良好人的意志越強烈，就越容易被這些規則所束縛，成為所謂「框架多的人」。也許在你身邊也有那樣框架繁多、死板、讓人覺得悶的人吧。

但問題是，你的規則或框架並不適用於所有人，但你會認為所有人都理當遵守。其實大部分都是只屬於「自己的想法、自己的規則」，其他人可能完全不同意，或者根本沒聽說，但如果還要強迫別人遵守，會發生什麼事呢？

假設有兩個人，他們穿衣服的風格完全不同。一個人喜歡剪裁俐落、版型合身的衣服，另一個人喜歡寬鬆且方便活動的衣服。當然這只是個人喜好和衣服設計上的差異，兩者並沒有誰對誰錯的問題。但是如果喜歡俐落風格的人將這套自我穿衣規範，進一步擴大到「每個人都必須穿著端莊才是有禮貌的人」，那麼在他眼裡，喜歡寬鬆服飾的人就不順眼了。因為穿著寬鬆自在的人在他看來是「沒有禮貌、沒有精神、不適應社會的人」，自然而然地產生想要糾正對方的想法。如果正好他的個性很直白，可能會當面說：「你衣服怎麼穿成這樣？」若是比較含蓄的人，可能就會小心翼翼地說：「看來你喜歡穿比較舒服的衣服吧。」

在擁有很多「應該」規則，並且認為大家都該遵守的人眼裡，那些不遵守規則的人都看不順眼。所以常會因此生氣，時常抱怨，甚至想一一糾正那些人，最後落得自己心煩意亂。相反地，在外人眼中那種一板一眼的人才讓人覺得疲累，因為他隨意侵犯別人的界線。但是在那種人的想法裡總覺得自己是對的，其他人都是錯的，所以認為自己這樣要求是理所當然，像是維護世界正義一樣理直氣壯地說：「這都是為了你啊，是為了你好才這麼做的。」這也就是我一直強調的二分法思考模式之所以根深蒂固的原因。

早上要早起、要無條件順從父母、要聽老師的話、看到老人要讓座、善良的人就是好人、吵架打架是壞事、結婚要門當戶對、不可以跑、不可以鋒芒太露……在我們生活中有很多不明就裡的規則，乍看之下似乎都是正確的、是好話，但其實有很多是完全未經過驗證的「聽說」來的小道消息。小時候很容易認為最愛我的爸爸媽媽是最棒的；個子比我高、力氣比我大的大人們說的話無條件都是正確的。但是，在已經長大成人的今天，如果仍然對那些規則毫無懷疑，相信那些話才是唯一真理，那麼可就不好了。

現在我們有必要將一直以來束縛我們幸福和自由的框架和規則，逐一列出進行審視。為什麼會接受這些規則？是誰強迫我遵守的？這些規則為什麼那麼重要？這些規則現在對我的生活約束程度有多大？這樣逐一分析後發現，以前那些堅持是不真實、沒有效率的，那麼現在就該是時候拿出勇氣來擺脫束縛。

我始終如一，接受也好、離開也罷

二〇〇九年我在音樂劇*Roommate*中寫過一首歌〈我始終如一〉，其中有一部分歌詞寫道：

無論何時不管在哪裡
如果遇見愛我的那個人
我希望我的樣子還是一樣，始終如一
不化妝的素顏
穿著舊牛仔褲
戴著深度近視眼鏡

希望還是那樣始終如一的模樣
（中略）
就算我不漂亮也對我好
就算我不出色也不會忽視我
因為長得醜，因為軟弱
因為孤獨，所以愛我
不完美的樣子還是一樣，始終如一
我想得到愛

我將平時的信念融入到歌詞中，我堅信，如果是真愛，就應該愛那個人原本的樣子。所以我去相親的時候也懷著一種奇怪的信念，那就是絕對不能為了討好對方而做和平時不一樣的打扮。因為我認為，只有愛我真實面貌的人才是誠實的，那種看到精心打扮後的漂亮模樣而愛上我，日後看到我真實的一面而變心的人就是騙子。以前我堅信那種想法是對的，然而在經過十年後的今日，當我再看到這段歌詞時，我了解這是反映了我極端的二分法思考模式而產生的錯誤信念。在進一步說明之前，先來看一下幾個事例。

即將結婚的戀人或新婚夫妻，常會為了維持各自原本的生活及磨合而發生衝突。因為在單身時，不曾想過改變自己一直以來的習慣、態度、生活方式。對於結婚，只是想在維持這個狀態之下，隨著心愛的人加入而增加一起生活的幸福。結婚多年的老夫老妻從經驗上知道那是不可能的，不過年輕人想法很單純，他們相信接受對方原本的樣子才是真正的愛情。當然，很多人在結婚後也真的過著那樣的生活，只是這種態度在現實中會引發很多問題。

Ｐ喜歡自己一個人獨處，在自己的房間裡享受做自己喜歡的事，不受任何人的干擾，自由自在。但是隨著年齡增長，父母和親戚們開始在結婚一事上施加壓力。Ｐ本人也覺得時候差不多，而且身邊的朋友也陸續朝婚姻邁進，所以決定依照父母的安排相親。Ｐ認為對方應該是能理解自己原有的生活習慣，又不煩人，克盡妻子本分的「善良」女人。最終，他如願遇到一個溫柔、順從的女人，兩人結婚了，但問題也開始了。P在結婚後維持著單身時一模一樣的生活，改變的只有在他家裡與他一起生活的妻子，妻子在P關上的房門前一天比一天枯萎。

另一個類似的例子，是相信男友愛自己一切的J。J覺得男友從她的瑣碎習慣到價值觀等所有一切都完全理解，聽到男友說「我愛妳的所有一切」時，J感到無比幸福。但在結婚之後，一切都變了。男友成為丈夫後，開始挑剔她的小習慣，凡事都像是理所當然一般，要求J照自己的意思去做。婚姻的意義好像是獲得了將對方隨意改變的權力一樣。J覺得自己受騙上當，產生了巨大的背叛感，開始深刻思考是否該繼續維持這段婚姻。

「如果愛我，就要接受我原來的樣子」，乍聽之下很好，感覺這就是愛情的本質，才是真正的愛情。但換個角度想，你真能完全愛上對方原本的樣子嗎？我無法忍受對方的日常習慣——坐在沙發上搓腳上的污垢、屁股朝向我這邊放屁、三天沒洗頭了還一直硬撐著、十個手指頭的指甲都咬到出血了還在咬——這些習慣都可以愛嗎？如果對方與你的價值觀完全相反你也能接受嗎？我認為動物和人一樣都應該被尊重，但如果對方認為動物就只是動物呢？我認為週末應該和家人在一起，但如果對方認為是享受個人自由的時間呢？你真的可以接受任何差異，為了守護對方而犧牲自我嗎？

——如果愛一個人，就要為那個人做任何事情。那才是真正的愛情。

——如果愛一個人，自我就要消失，和那個人成為一體。

——我絕對不會變，所以你要配合我，否則就不是愛了！

——如果連這個都接受不了的話，那不是真愛！

如果相愛，就應該拋棄自我，接受對方的一切；如果相愛，對方應該接受我的一切。這就是二分法的思考模式之一，是在現實中近乎不可能實現的幻想。愛情是妥協，但並非全部妥協。因為相愛，彼此在一定程度上放棄自己的東西，在一定程度上接納對方的東西；因為愛，認同自己必須承受的變化，也可以甘願承受。愛情是相互的，而不是一方全盤接受、一方全面犧牲才成立的。

讓我們重新回到音樂劇 *Roommate* 的歌詞中吧。在這裡也一樣，如果想愛我，就要認同我的全部，我一項都不會改變，所以對方要全盤接受才是真愛，不能全部接受，就乾脆別來煩我，完全的極端。但這種情況看起來反而像是怕對方不愛我，所以自己先把牆築高，愛我就要接受這麼多條件，如果沒有這種覺悟，就別來愛我，不是真愛，我會全部拒絕。明明是我自己寫的歌詞，但到現在才發現，這到底是讓我去愛還是不愛？說實話現在我也搞不清楚了。

心靈補充課程

兩極相通

人生沒有正確答案，即便看起來好像有正確答案，但那不是真正的正解，那只是我們粗略同意的答案罷了。

彼此不同樣貌的人生

二〇一四年EBS電視臺的節目「為什麼我們要上大學」中，曾提出中學道德科目相關的客觀性問題，「人一生中到底什麼時候才是決定人生夢想和幸福的時期？」（一）十幾歲時；（二）二十幾歲時；（三）三十幾歲時；（四）四十幾歲時；（五）五十幾歲時。你的答案是什麼？在中學的道德教科書中的答案是（一）十幾歲時。但是你認同這個答案嗎？我不這麼認為。十幾歲時的我連換過好幾個夢想，當時我連自己擅長什麼都不知道，看到什麼好像不錯就想去試。當然有人在十幾歲時就決定好了，但是也有人在二十幾歲、有人直到五十幾歲，甚至是七十歲時才決定。沒有一個答案是適用所有人的。

在心理領域，很多人說小時候受到的傷害會成為心理創傷，一輩子都會受折磨。這句話對某人來說是對的，對某人來說是錯的。有些人被兒時的傷痛所束縛，自己崩潰，但有些人會踩著傷痛爬得更高。在無數的育兒書中告訴我們的絕妙祕訣，也不一定是所有父母和孩子都能接受的。書裡說只要這樣做，孩子就會平靜下來，但我的孩子卻不行。為什麼？因為我的孩子有他自己的獨特性格、事由和背景。因此，必須找出世界上獨一無二的我，與世界上獨一無二的我的子女之間溝通的方法才是。同理可證，戀愛、人際關係、處世方法都一樣因人而異。雖然大家都說那樣做就可以脫單談戀愛，但果真如此嗎？有人可以有人不行，為什麼？因為我們都不一樣。

我們進行二分法思考的理由

如果試圖用單一標準來評量所有事物，必然會衍生出很多錯誤和誤會。例如，「遵守約定的人是好人，不遵守約定的人是壞人」這個命題。A是個騙子，但目前他正處於在詐騙前取得對方信任的階段。因此，總是以誠懇的態度遵守約定，反覆向對方借錢，然後在約定日期還清。相反地，B是一個就算沒有法律規範也行為正直的良善之人。但是在約好還款的那天早上，B的父親突然暈倒。他在突如其來的忙碌狀態下一時忘了匯款，結果超過了銀行的還款期限。在這種情況下，若不論內情，A遵守約定是好人，B違反就是壞人嗎？所以我應該與A交往甚密，和B不相往來嗎？那麼接下來我會發生什麼事呢？

前面我說過我最鄙視隨地吐痰的人。也許有人在自己家裡吐痰不得而知，但是在外面隨地亂吐痰是絕對不能容忍的事。但假設有一天，我得了重感冒，喉嚨嚴重發炎，每次咳嗽就會有很多痰。喉嚨裡積著痰想一吐為快，但正好隨身攜帶的衛生紙沒了，附近連個垃圾筒也沒有。我急得直跺腳，結果實在忍不住，只好偷偷地把痰吐到花壇裡去。那時才知道，或許有人會毫無意識地隨地吐痰，但並不是所有吐痰的人都是不道德、都是壞人。每個人都有自己的原因。但是，我在完全不知道的情況下，就把所有吐痰的人都蔑視為天下無敵的壞人。再看看我自己朝花壇裡吐痰的樣子，這種委屈只有自己受過才知道啊。也許正因為如此，在《聖經》中有這麼一段話：「你們不要論斷人，免得你們被論斷。因為你們怎樣論斷人，也必怎樣被論斷；你們用什麼量器量給人，人也必用什麼量器量給你們。(《馬太福音》第七章1、2節)」

要想擺脫極端的二分法思考，就不應該只侷限於自己判斷他人的標準。應該接受有時人都會面臨不得已的情況。思考要有靈活性，不要因一次失誤或錯誤而放棄一切，要有耐心等待和接受。並非絕對的「我是對的，你錯了」，而是要知道去問別人「我的標準是這樣，你的標準是什麼?」換句話說，一切都要就事論事，我們必須接受會有case by case的狀況，但為什麼我們常常做不到而要用二分法思考呢?因為太複雜了，要觀察個別多種狀況的可能性，所以我們會感到很疲累。我連自己的事都忙不完了，怎麼還有空去管別人呢?我不想知道你的情況，也沒必要知道，所以就按固定原則去做，那樣比較簡單也比較方便。

我們所生活的世界由相反的兩極組成，相反的兩極是「相對的兩極，正相反的兩邊」之意。簡單地說，就是相對的、對立的。舉例來說：生與死、日與夜、善與惡、陰與陽、意識與無意識、否定與肯定、上與下、真與假、左與右、愛與恨、肉體與精神、熱與冷、這裡與那裡、水與火、理性與感性、男與女、內與外、優越感與自卑感、直線與曲線、美麗與醜陋、幸福與苦痛、剛強與軟弱……這類的例子沒完沒了，因此很多事很容易判斷屬於這個或那個，二者擇一，粗略地看就是這樣的意思。

但只要仔細想一想，就會發現沒有一件事能分得那麼清楚。所有的一切都不是絕對的。雖然五樓高的公寓比單層平房高，但比十二樓華廈矮；七千元的豬肉蓋飯對某人來說很便宜，對某些人來說卻很貴。有人覺得某人的臉很漂亮，但在某些人眼裡卻覺得很醜。從家裡到公車站的距離對某人來說很近，對某人來說卻很遠。每天做一樣的事、過一樣的日子，對某人來說可能已經厭倦，但對某人來說卻是很珍貴的。

另外，在剛強的同時也可以軟弱；冷漠的同時也可以溫暖；愛的同時也可能會恨；善良的同時也會有壞的時候；苦痛之中也有幸福；相反地，幸福中卻也有苦痛，儘管這種複雜微妙的可能性很多，但凡事都想一刀切成兩斷來看是不合理的，很容易出現問題，讓生活變得很辛苦。

不偏向任何一方

那到底要怎麼辦才好？我們可以將兩邊串在一起，不要只偏向其中一邊，兩邊都要均衡，這樣的例子其實在我們周圍有很多了。（或許我們經常討論但不自知。）看看電影中的主角，他們真是截然相反的人物。以法國電影《逆轉人生》中的兩個主角來舉例吧，一個是身居上流階層而且是金字塔頂端、家財萬貫的富翁，但因為意外而導致頸部以下癱瘓；另一個主角是貧窮中的貧窮，而且是位居最底層百分之一的黑人青年，唯一擁有的只有健壯的身體。沒有一點共同處的兩人剛見面時，存在著非常大的矛盾，但慢慢地開始分享友情，很耳熟能詳的故事情節對吧？這種類型的電影數不完，這就是兩個極端的結合，也許聽起來有點陌生，但其實我們早已熟悉了。

但其實我們不是那麼樂於與他人合併在一起，因為害怕失去自己原本的特色，所以我們會傾向與自己相似的人在一起。如果遇到與自己截然相反的人，就會很容易被排斥。但如果合併後我會變得更優秀，不是失去我原本的特色，而是更美、更強，不是更好嗎？

來談談系列電影《復仇者聯盟》中代表性的兩個角色，鋼鐵人和美國隊長。美國隊長是個正直不容許謊言的人，一句話形容就是靈活性不足的鬱悶性格。但是和性格截然不同的人長時間交流之下，學會了必要的時候會適當的說謊。或許有人會覺得不喜歡美國隊長本來的性格變質了，但美國隊長多了靈活性，也沒有變得像鋼鐵人一樣。他依然是美國隊長。

反過來說，向來只知道自己的鋼鐵人東尼．史塔克也經歷同樣的過程，學會了為大局犧牲自我利益。但東尼．史塔克會變成美國隊長嗎？不會，絕對不可能。他是到最後一刻也不會忘了自我幽默的東尼．史塔克，只是更帥氣的東尼．史塔克。

如果遇到與我不同類型的人，一開始會感到緊張，那是必然的，但只要忍過那不自然又不自在的瞬間，就會產生全新的東西，以前從未想像過的友情和愛。這與正－反－合的辯證原理一樣。這種超越人種、階級、語言、世代的友情和愛，無論何時都會給我們帶來深深的感動和淚水。這就是只有兩個截然不同的極端合併時才能感受到的喜悅。不要一味地排斥不同的事物，只要能放開心胸接納，就會創造出全新、更好的結果。

Chapter 3

摧毀我的虛無期待和慾望

你的心當然也要隨我意嗎？

「期待」的意思是「希望某件事能如願以償，等待某件事的實現」。這是每個人都具有的自然心態，如果有人說「我沒有任何期待」反而更奇怪，期待似乎算是人類的基本屬性。因此，擁有期待也是理所當然的。

我從來沒想過自己是個「期待過大的人」，只是希望所有事都能照我的意思進行。但經歷過勞倒下之後，在尋找讓我的能量急速耗盡的原因的過程中，才領悟到我的「期待」大部分都是「虛無的期待」，是「不可能的期待」。「期待越大，失望也會越大」，我就是活在巨大的期待和失望之間，耗盡了能量。

先從小例子來看吧。在我們社區有一間出售優質雞蛋的商店。蛋很紮實，打開一看滿是鮮黃飽滿。那家店在盒子裡鋪著報紙，整整齊齊地裝滿了雞蛋。

身為常客的我很好奇到底從哪裡找來那麼多盒子，不知道是不是和藥妝店或超市合作，會定期去收空盒子回來使用，但我想肯定是供不應求，所以每次買雞蛋回家，盒子不會隨手扔掉，而是整齊地收集起來，等集了三、四個盒子再帶去店裡給老闆。我覺得能有這種難能可貴想法的我是個好人，是一個善良的人，能夠減輕一點他人的辛苦，讓我感到很高興。

終於這天我拿著收集的三個空盒去那家店，順便再買雞蛋，我心想「說不定雞蛋大叔還會多送一、兩顆雞蛋呢」。到了店裡我對大叔說：「請給我半盒雞蛋[4]。」然後把收集的盒子很自傲地拿出來。大叔瞧了一眼說：「好。」就收下來放在一邊。別說多送一顆蛋，他連一句感謝的話都沒有，完全出乎我意料之外，我心情跌落谷底，心想「怎麼會有這樣的人呢？」拿了半盒十五顆雞蛋回家後，暗暗決定不再去那家店買雞蛋了。

當時我期待雞蛋大叔能認可我的善良，和美麗、珍貴的關懷。坦白說我並不期待他感謝我，只要一句「真是辛苦妳了，還幫我收集盒子」，對我來說就足夠了。對於我付出的關懷，「附贈一、兩顆雞蛋」應該是適當的回報。因為如果我是雞蛋大叔，就會對收集盒子的人那樣做。但是雞蛋大叔畢竟和我不同，也許他是因害羞而不敢表達感激之情，只說了一聲「好」；也許一、兩顆雞蛋可能也不像我想像得那麼簡單免費送，也有可能是盒子還有很多。總之一句話，我根本不知道雞蛋大叔的情況。

儘管如此，我認為他會做出符合我期望的行動。若沒有，那他就是個不知感謝的壞人。雞蛋大叔並沒有做錯什麼，但我卻以他辜負了我的期望為由，打算終止與他交易，只因為我對別人抱持無謂的期待。

下面再舉另一個例子。有個朋友的生日快到了，我早就知道她想要什麼禮物。那個朋友很想要一件當時流行的某品牌的短袖T恤，那件T恤特別的地方

4 譯註：韓國的雞蛋多以盒裝出售，一盒三十顆。

在一邊的肩膀上會繡兩個數字，而朋友很想要自己出生年份的Ｔ恤。我逛了好幾間分店，偏偏有那兩個數字的都賣光了。越是難買到的東西，就越挑起我的好勝心，我決定無論如何都一定要找到有那兩個數字的Ｔ恤。我打電話問了首爾的所有門市，確認會不會再進那款Ｔ恤，最後在首爾市郊的一間分店找到。

我為自己感到驕傲。為了送出朋友想要的禮物，我到處奔波尋找，連我自己都覺得非常了不起。如果朋友知道我費了這麼大的勁，不知道會有多感動，我興奮地心怦怦直跳。我想好了等送禮物給朋友時，要順便告訴她我找得有多辛苦。我先簡單地傳個訊息給她，告訴她我買了禮物，有時間就過來拿。朋友回答說謝謝，會再跟我聯繫。我心裡想像著朋友收到禮物而高興感動的樣子，滿心期待等她的電話。

但是一天、三天、一週過去了，朋友沒有任何聯繫。心想會不會發生什麼事了，於是我主動跟朋友聯絡，朋友說公司正好比較忙，怎麼也抽不出空來。剛開始我以為是那樣。但是二週、三週、將近一個月了，我心中的怒氣開始像火一樣燃起。每當看到放在桌子上要給朋友的禮物袋時，壓力就很大。自己費盡千辛萬苦好不容易才買到的，我的真誠和辛苦似乎完全被忽視了。我確信，那個朋友對我和我對她的用心是不一樣的，於是決定與不珍惜我的朋友斷絕緣分。後來當朋友打電話來時，我只發了一則「妳怎麼能這樣對我」的憤怒訊息，然後真的絕交了。

我期待朋友知道我有多為她著想。但以朋友的立場來說，其實並沒有期待我送她生日禮物，而我卻告訴她我準備了禮物（這對某些人來說可能是負擔）。她也還不知道生日禮物是什麼，只是說有時間過來拿，但後來真的因為沒時間，所以沒能來拿走而已。我這邊認為到底有什麼工作可以忙一個月都抽不出空；但以她的立場也許真的是心有餘而力不足。即使今天早一點下班回家，也要為明天的工作先做準備而沒有時間出門。人家忙得快瘋了，如果我還不時打電話問她為什麼不來拿禮物，人家當然也會覺得很煩。也許她會想，到底是什麼禮物硬是要我去拿？不管是多麼難買、寶貴的東西，因為我不說，所以她也不知道。但我卻以「朋友未在我期待的最短時間內做出我期待的熱情反應」為由，斷絕了緣分。希望自己不用說出口朋友就能猜到我的心意，這是不可能的期待，也是無謂的期待（幸好後來我向那位朋友道歉，我們又恢復聯繫了）。

不如預期就生氣

雞蛋大叔沒有額外送雞蛋時，我生氣了；朋友沒馬上來拿禮物時，我也生氣了。事後我回想，到底生氣的時點是什麼，因為這個「氣」總是突然冒出來，一旦冒出來就變得一團糟。我認為自己應該找出這個「氣」的來龍去脈，於是我開始注意「氣」上升的時點。

當然大部分人都是在氣完之後冷靜了才想到，後悔地說「我為什麼要那樣做」。但我還是刻意練習，在生氣的時候，我意識到「哇，我現在正在發火」。因為強迫自己去意識，在火冒三丈的瞬間，甚至可以感覺到一股「上來了，上來了」真的要生氣的感受。

我們在各種場合都能感受到不同形態的情緒，而不是所有的氣都源於憤怒。

「生氣」只是一次性的表達，而其中包含更多的可能是因為煩躁、委屈、悲傷、自責、恐懼、羞恥等意識中的感情。也就是說，我們可能會因為委屈、因為丟臉、因為害怕而生氣。但不管是因為什麼，只要仔細觀察「生氣」最底層的源頭，常常都是因為沒有合乎自己的期待。我們期待「事情如果變成那樣就好了」、「那個人能這樣就好了」，但當事與願違時，怒氣就上來了。

當要做的事情很多，但偏偏生病了就會生氣。舉例來說，在重要發表之前，因為得了感冒，咳嗽、喉嚨痛、打噴嚏接踵而來，無法以最佳狀態發表，只能用帶著鼻音和嘶啞的聲音還伴隨著咳嗽發表，那會有多難堪啊。但是一旦生病了是無法挽回的，只能等時間過去病好了才行。所以會生氣，因為不想生病卻偏偏生病而無法好好發表，因為與自己的期待不一樣所以生氣。

另外，被要求做出與自己價值觀甚或喜惡相反的事時，我也會生氣。當要與政治傾向或宗教觀和我相反的人對談時；我喜歡電影，但卻拉我去看音樂劇時；要做的事情很多，卻突然有客人來訪時等等。我有自己的想法，但對方卻想按他自己的意願去做，就會產生對立並生氣。我認為，如果對方喜歡我、在意我，應該會符合我的期待。但每個人的價值觀不同，期待值當然也會不同，當對方和我的心意不相通時，我第一個反應卻是先發火。

郊遊遇到下雨會對天空生氣；別人得獎我沒得，會對那個獲獎者或是評審委員生氣；想結婚卻被拒絕，就會對對方和對方父母生氣；想工作卻找不到工作，就會對公司和種種不合理的社會感到憤怒；想和平、安全地生活卻發生戰爭，就會對國家和這個世界感到憤怒；想活得長久卻面臨死亡，就會對上帝（神）發火。

全都是別人的錯。我之所以這樣，全是因為別人。這種認為世上的一切都必須滿足我的期待和慾望的「自我中心」，究竟源自哪裡呢？其實我們只要稍微冷靜想想，就能知道那些期待本身就是不可能的。世上沒有一件事情是隨心所欲，或許應該說，世上幾乎沒有我能隨意調整的事物，甚至我連自己的心也不可能控制調節，那還有什麼可說的呢？既然這樣，當事情不如人意時就發火，難道不奇怪嗎？一言以蔽之，都是我們的「唯我主義」作祟。

到現在我們還像耍賴的孩子一樣，到現在還沒有成為成熟的大人。經驗告訴我們，長大成人後，世界不會隨心所欲。雖然很痛苦，但我們要接受並承認這一個事實。如果到現在當事情不如我意時還會火冒三丈，那我們就跟媽媽不給買玩具而躺在百貨公司地板上哭鬧的三歲小孩一模一樣。

如果大家仍然會生氣的話，現在不是發洩埋怨的時候，應該先找出自己的期待是什麼，了解期待是如何成了失望，才能找到自我和解的方法。在佛教中稱這些為「貪、嗔、癡」，即使世界無法隨心所欲卻仍堅持的我很傻（癡）；懷著虛無縹緲的期待和慾望（貪），最後受到挫折而憤怒（嗔）。在佛教中稱貪、嗔、癡為「三毒」，比喻傷害人心的三種煩惱和毒藥，因此我們無法從痛苦的輪迴中擺脫。所以生氣的時候就是發現自我無謂的慾望和期待，擺脫愚蠢的絕好機會。不要錯過那個時機，只有了解因什麼期待而生氣，以及那種無謂的期待是多麼荒唐、愚蠢，才能擺脫憤怒。

因為你的期待和我的期待不一樣

為什麼我的期待和你的期待不一樣？為什麼我的慾望和你的慾望不同？這真是個愚蠢的問題。我的期待和慾望與你的期待和慾望不同，是因為你和我不同。性格、氣質、興趣不同，成長的環境也不同，所學和經歷也不同。我們的不同是理所當然的；相反地，如果我們有相似之處，那就很神奇了。但我們通常還是希望別人能和我一樣，希望別人跟我一樣行動。這種一開始的期待就是說不過去的。

如果承認這一點，我們就可以對「立場差異」進行詳細分析。我的立場和你的立場不同；我的情況和你的情況不同，因此，人與人之間的相遇從一開始就會有一些裂痕。但是如果將各自的情感摻入到裂痕中，彼此的差異就會擴大，最終就會成為巨大的矛盾。這時候就會經常聽到「你怎麼能這樣對我！」或「你根本什麼都不知道」、「你不了解我！」

在生活中我們經歷了很多立場上的差異，這裡我要舉幾個例子。我經歷最多立場差異的狀況之一，就是和朋友見面時花費的時間概念。怎麼說呢？假設跟好朋友約出去玩，因為很久沒見了，朋友期待我們可以玩一整天，但我的立場不同，因為我是在百忙之中擠出時間來的，所以最多只能給朋友三小時左右。當知道這件事的一剎那，朋友覺得難過，甚至生氣。

朋友最傷心的是，我們似乎對彼此的用心大不同。我想與你一整天都在一起，你卻只能給我三個小時，這很傷我的自尊。我希望你對我的用心和我對你一樣多，但實際上卻不是那樣，所以我很生氣。

實際上我們不同的是對時間的概念，而不是彼此的心意。朋友說：「這麼難得見面，當然要空出很多時間和我一起度過。」在一起的時間越長，就代表彼此感情深厚，也就是說朋友認為時間的量很重要。我說只有三個小時，她就會想「啊，她對我只有那麼一點用心」。但是從我的立場來看，真正寶貴的是我特地為了朋友而抽出三小時，不是我疏忽了那位朋友，反而是因為非常珍惜見面的機會，所以即使事後可能會因累積的工作而更忙碌，但為了見她，我仍然挪出時間。

對我來說，重要的是時間的質量。朋友不了解我挪出那些時間的意義，只是嘟嘟囔囔地生氣，讓我也感到不高興。其實我們對彼此的用心是一樣的，只是因為對時間長短的定義和所處條件不同，存在立場差異而已。但是如果不考慮這種相對的立場差異，只以自己的標準來處理事情，那就會產生很多誤會。

臉書上有自動提醒好友生日的功能，「今天是誰誰的生日，請為他獻上祝福」出現，臉友（臉書上的好友）就可以到那個人的網頁上留言祝他生日快樂。我並不喜歡那樣，會感覺我的私人空間被侵犯了。當然，很感謝那些想祝賀我的人，但對於像我這種性格的人來說，那不是我喜歡的方式。因此，我把自己的生日早早就設定為非公開，避免「提醒」別人。我的生日過了就算了，但每次看到朋友生日的提醒，我的煩惱又來了。

一旦知道朋友生日，就不能視而不見，應該做點什麼來表示祝賀。但是我不喜歡別人在我的網頁中發表祝賀文章，我自己也不想在別人的網頁中發表文章，所以就藉著別人貼的回覆，在下方留言簡短表達祝賀。然而朋友卻似乎感到失望，那位朋友和我性格相反，會在意生日當天有多少祝賀貼文，所以會不停上網確認，因為那代表他被愛及人氣的程度。

以那個朋友的立場來說，他認為我們很要好，所以期待著我一定會上傳祝賀文。然而我只是在別人的祝賀文下留了短短的文字，對於想得到許多祝福的人來說，他當然會感到難過並對我很失望。但以我的立場，那是我最大限度的表達方式，因為我本來就是對在自己網頁中滿滿都是別人貼文的情況，感到有負擔的人。當然，在這個案例中失敗的是我，我以為那位朋友和我想的一樣，忘了我們彼此是不同個體。

所有人的性格都不一樣。有人天生就很喜歡與人相處，嚮往與人建立關係。

那種人不管做什麼事都不喜歡自己一個人。相對地，有的人比較需要多一點獨處的時間，若常常和一堆人在一起會覺得很疲倦，這些都只是性格上的差異，沒有哪一種人個性比較好、哪一種比較壞的問題。但如果這兩種性格不同的人成為朋友或戀人，即使對彼此有感情，但彼此想要的情感表達方式必然會不同。一個人因為愛對方，所以什麼事都想和對方一起做；但是對方除了一起相處的時間，偶爾也會想自己獨處。凡事都要在一起的人會覺得既然你愛我，為什麼卻想一個人獨處？他無法理解而感到失落；而喜歡獨處的人也會因不能理解隨時都想在一起的另一半，而感覺累得喘不過氣來。

除了性格上的差異之外，也會因為我們各自所欠缺的部分不同，出現立場上的分歧。我們每個人多少都會欠缺一點什麼，而且種類也不一樣，如果從小未能充分得到父母愛的人，或許會想要從朋友或戀人那裡得到與父母愛相似的情感，像爸爸一樣給予堅實的後盾，像媽媽一樣隨時照顧得無微不至，會期待這種絕對理想的愛情，但朋友就只是朋友，戀人就只是戀人，終究不會像父母那樣付出。因此，期待從朋友或戀人那裡得到像父母那樣的愛，只會持續失望，不斷感到不足，從而積累不滿。反過來，被要求像父母那樣付出的朋友或另一半也會質疑，「我為什麼要做到那種程度？我既不是你媽媽，也不是你爸爸啊。」

另外，由於雙方的心態不同，立場差距可能會進一步擴大。有些人需要花很多時間才能與別人變得親近，屬於「慢熟」型；而有些人則是不管跟誰一見面，就能馬上坦誠相待。若這兩種類型的人相遇了，想盡快變親近的一方會認為對方不太喜歡自己，而慢熟型的人，反而會覺得對方攻擊性強、有強迫的傾向而心生戒心。那麼在真正相互了解之前，雙方已對彼此產生不好的印象。

所以當兩人相遇並建立新關係時，要馬上心靈相通幾乎是不可能的。在認識初期，可能會覺得兩人很合得來，但隨著時間推移，彼此的差異就會越來越明顯，這時若能承認彼此有差異是極其自然的事，在接受差異的同時，也可以逐漸調節彼此的關係。如果只是一味堅持「如果對方真的愛我，就會讓我隨心所欲」或認為「如果真的為我著想，就應該跟我一樣」的思維方式，那麼在人際關係中是永遠無法滿足、也無法幸福的。

那個，一定要說出來才知道嗎？

「期待」是「期盼」加「等待」的意思。在韓語中的解釋是「帶著希望等待既定的承諾」，也就是希望某件事能夠如願以償。重點是「帶著希望」，等待發生好的結果，而且是自己所想的，我們當然不會希望發生壞事，所以「期待」二字已經包含「應該朝好的方向」的結論。而所謂「好的方向」多數是指「依照我所希望的那樣」。換句話說，我所希望的，就是好的方向、好的結果。

Y和男友交往將滿一千個日子之後，她滿心期待在這特殊的紀念日，男友會提議一起去旅行，因為她希望像別人一樣也能去一次海外旅行。所以她等著男友察覺到自己的心願，暗暗等待對方先開口。但若是男友根本沒提，而且對交往一千日一點特別的感覺也沒有，就像平常一樣去看電影、吃飯，那會怎麼樣呢？Y會非常失望，因為她的期待破滅了。

期待和失望就像針和線一樣交織在一起。有期待的地方就會有失望，沒有期待就不會失望。為什麼？就像期待是等著好的結果，失望是面對不好的結果時產生的。但是無論什麼事，能不能如願的機率都是一半一半。所以我們可以說期待本身就是一種投資，對百分之五十成功的可能性進行投資，所以我們也必須做好心理準備，變成失望的機率也有百分之五十。

那麼有沒有提高成功機率的方法呢？有。讓我們再來看一下最初所說「期待」的定義。「帶著希望等待既定的承諾」，這回把重點放在「既定的承諾」上，這就意味著是約定好的，所以期待包含了約定。我已做了某種努力，並等待它帶來好的結果。這才是「期待」的正確含義。

再回過頭來看Y，Y其實並未跟男友針對一千日紀念做過任何約定，所以男友對Y想要怎麼慶祝根本毫無線索，Y也未曾主動跟男友提過。如果Y對男友說出自己的心願，就能期待對方有百分之五十的機率會幫她實現願望。所以

Y應該先說「交往一千日紀念我們去海外旅行怎麼樣？」再等男友的回應，這才是期待。

但是Y想要的卻是「讀心術」，即使不說也希望男友能讀懂自己的想法。為什麼Y不說出自己想要的？因為她想用讀心術來衡量這個男人有多愛我。從即使不說也能夠理解我內心想法的比率，就能看出對方與我是否真是命中註定，Y可以藉此確認男友是不是理想對象，所以她當然不會說出心中的想法，因為要測試男友能不能猜到她的心思。

Y什麼都不做，只等待最好的結果。但這樣期望實現的機率只會比百分之五十還要低。以Y為例，向男友直接說出自己想要的，才能提高期待達成的機率。當然，由於男友心中的想法可能不同，所以仍有百分之五十無法達到預期目標的機率。但如果能坦誠地表明自己的想法，即使不能百分之百如願以償，但很有機會達成某種程度上的滿足。

例如男友說目前可能沒有條件馬上去海外旅行，詳細說明自己的情況，那麼至少可以讓Y更理解他。同樣地，男友也會藉此機會了解到Y想在這個值得紀念的日子，做一些與平時不同的特別的事。因此，即使不能去海外旅行，男友也會努力在自己能力範圍內與Y度過一個特別的紀念日。這就是即使彼此立場不同，通過溝通相互理解、減少隔閡、達成期待的健康方式。

沒有做出任何努力，只是盲目地期待是「心存僥倖」，「雖然我什麼都沒做，但我還是想要那樣的結果」，當然，人生是無法預測的，也許對某些人來說，這種僥倖是容許的，但卻也會為日後埋下不幸的種子。如果不用開口，男友就能準確猜到自己想要什麼，那下次妳的期待就會更高，等於是將失望的機率也提高了。如果完全沒看書卻偶然考出了好成績，那麼下次會期待再次出現同樣的幸運而不努力。幸運中樂透的人比起實實在在工作賺錢的人更期待繼續中獎，因而患得患失。雖然第一次投稿就入選了，如果沒有繼續精進寫文章的實力，很快就會嚐到被退稿的滋味。像那些偶然的幸運沒有任何保障，僥倖心理只會助長無謂的期待。

心靈補充課程

偶爾發生才叫做奇蹟

如果對人們說最好少一點無謂的期待和慾望時，人們通常會哭喪著臉，用很委屈的聲音吶喊道：「沒有任何期待要怎麼活下去？難道我連那一點點小小期待也不能擁有嗎？」人們如此憤怒的理由到底是什麼呢？

人們通常不會意識到自己的期待過大，反而認為自己所期望的只是最起碼的東西，所以才會覺得委屈。我又不是抱著多大的期待，連那麼一點點的希望也要拋棄實在會讓人發瘋。但是真的是那樣嗎？你對某人的期待真的只是一點點嗎？

有一次上課前，K說有苦惱希望我能提供建議。他有一個朋友狀況不太好，所以K在物質和精神兩方面都幫了他差不多一年多的時間，然而那個朋友一直都只有嘴上說謝謝，對K一點實質的表示都沒有。「啊，所以現在你是希望那個朋友可以回報你是嗎？」K聽到暴跳了起來，斬釘截鐵地強調自己從來沒有期望得到什麼回報，我搖搖頭說：「那麼你到底對那個朋友有什麼期待？」他回說：「我想要的真的很小，只是希望他也能像我對他那樣對待我而已。真心，就只是希望與他分享真心而已。」

你對Ｋ的回答有什麼想法呢？他的期待真的很小嗎？在回答前有件事必須知道，根據我在課程當中觀察的結果，Ｋ經常在上課時幫班上所有人泡綠茶。在我們教室後方有飲水機和咖啡、茶、紙杯，一應俱全，想喝什麼都可以隨便自己來。然而只要有新同學來，Ｋ就會以迅雷不及掩耳的速度泡好茶，「請喝～」笑著遞給對方。但是他沒考慮到，萬一對方現在覺得很熱想喝冰水怎麼辦？如果對方擔心上課時會想上洗手間而不想喝水那怎麼辦？如果對方在來的路上已經先買了一杯綠茶拿鐵那又怎麼辦？或者是對方原本就不太接受陌生人給的東西呢？大家都必須感謝Ｋ的親切嗎？而Ｋ想得到的，難道是大家同樣泡綠茶給他喝嗎？

我完全不認識Ｋ口中那個「什麼都沒有表示的朋友」，那位朋友可能像Ｋ所說的那樣，是只接受別人的好意，卻不懂得知恩圖報的人，但也可能不是。我只知道一件事，那個朋友和Ｋ是兩個完全不同的人，光憑這一點就可以說Ｋ的期待已經是過度了。

對某些人來說，照顧別人可能是很困難的事；預估別人的需要，提前一步準備，並做出適當的答謝，這些事太麻煩了。也許他從未那樣過，也有可能是因為他很難猜到別人需要什麼。也許是有心卻沒有及時行動，每次都會被K搶先一步；要不然，原本就是對任何事都漠不關心的性格。儘管如此，如果K仍然堅持從他的朋友那裡得到與自己的付出對等的真心，那麼K肯定會一直感到不滿和不幸。

承認彼此的心意不同

對方並不是我，那個人與我是不一樣的，這是很簡單的道理，真不知道為什麼那麼難承認。對方不是我，跟我不一樣，所以彼此的心意不一樣，想要的東西當然也不一樣，那是很自然的事。彼此的期待不同是很正常的事。

但如果對方的期待和我的期待一致呢？那就是奇蹟了！舉例來說，如果我愛的人不愛我，那是很自然的；但若是我愛的人也愛我，那就是奇蹟。要發生奇蹟的機率很低，但是人們總是反過來想，認為對方和我心意相同是理所當然的，不同的話反而會生氣，怎麼可以跟我不一樣呢？

對自己的期待和慾望不強求

父母希望子女能照自己的期待長大、老師希望學生能按照自己的期待行動、戀人希望另一半能夠照自己的期待表達。再強調一次，真能那樣做到的話就是奇蹟了，不能才是很自然的事。然而如果不能接受這個事實，無論如何都期待對方能照自己想要的去做那該怎麼辦？即使再美麗的「愛」，如果對方不願意接受，還繼續要求的話就是暴力。要求自己想要的，逼問對方為什麼不給？什麼時候給？耍賴纏著不放，如果不行就巧妙地威脅，讓人窒息地執著，不管用什麼方法都讓人不得不答應。最終，不管對方死活，只要得到自己想要的東西就可以了。這不就是恐怖片嗎？

如果有人即使這樣解釋，仍然堅持說無法放下期待，那麼最後我想請你改變一下立場，再考慮一下。以在社會中最常發生的狀況舉例，假設你是手藝很好的學生，喜歡自己動手做任何東西、裝飾、組裝，做出的成品相當出色，從小就得到了認可，漸漸地想做的東西很多，也有了具體的夢想，但是你的父母希望你能去念法學院，將來當法官。

為了逼你順從，父親會哭著說你一定要考上法官，一解他的終生遺憾；如果你堅持不肯去考法學院，母親還會使出絕食這樣強烈的手段威脅你；或者派出已經在唸法學院的堂兄弟來遊說你。他們從來就不聽你到底想做什麼，只強迫你滿足父母的期待和慾望。

你的心情會怎麼樣？莫非你也在用類似的方式逼迫別人滿足你的期待和慾望？要求對方給予愛、要求結婚、要求負責工作、要求放棄機會、要求成為什麼、要求交出什麼，或是要求對方在你的人生中消失。就算對方不願意，但你還是想那樣，一切都是為了自己。但有些事不行就是不行，我們不可能把他人的心意改變成我的心意，或許你可以努力試試看，但如果對方堅持不願意也沒辦法，有時候我們必須懂得放棄。

不知道所以才會問

每個人都不一樣，我跟別人不一樣，別人也跟我不一樣，所以我們並不了解彼此，在這種情況之下彼此要好好過的方法只有一個——問，因為不知道所以才要問。我覺得這樣不錯那你覺得呢？我需要這個你需要什麼？只要問就可以了，接下來才是如何縮小思想差距。

首先要先確認各自的想法，不要猜想對方是不是和我一樣，不要輕易做出冒犯或無禮的行動。「你不說我也懂」是韓國知名巧克力派廣告上用的話，但在現實生活中完全不適用。沒有人真的可以知道別人不開口心裡在想什麼，所以如果不知道就請提出問題吧，不要自己一個人亂猜。如此一來，說不定還可以找到你們的共通點。因為我們不是相同的個別存在，而是完全不同但或許有出乎意料之外的相似；雖然有相似之處，我們仍是不同的存在。

Chapter 4

愚蠢是完美主義者的控制慾

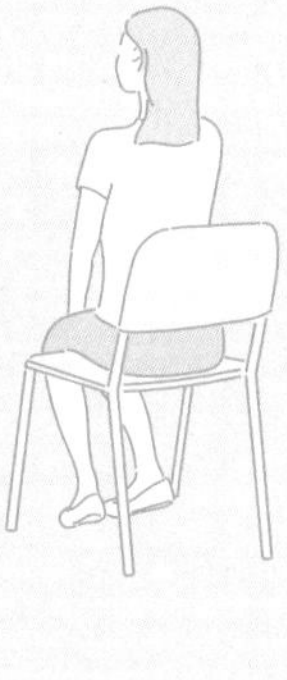

變數這件事讓人極度生厭

我是那種為了讓所有事都能完美地照我的意思實現而預先準備周全，直到最後都用盡全力的人。這麼聽起來也許像是很帥氣的人，但事實上這種個性會讓人覺得很疲累。別人看了很累，連我自己都覺得能量常常被狠狠地消耗光了。有一段小插曲能反映出我這種讓別人與自己都疲憊不已的性格。

有一次我要請父母去看電影，首先要挑片子，他們兩人喜好完全不同，所以我必須挑一部能同時滿足兩人的電影。過度暴力和有太多謾罵的電影先跳過；過分新穎的電影也跳過；要人強顏歡笑的電影也跳過；設定太荒唐的奇幻電影也跳過，還要整體電影評價是好的，在某種程度上保證趣味性，不能枯燥無味。就算找到了滿足所有條件的電影，但我無法完全相信別人的評論，所以我一定會先親自看過，確認電影真的不錯，才能算是全部合格。

接著就是要決定父母看電影的日期、戲院以及場次時間。當然必須是兩人都沒有其他約會的適當日子，能避開人多的週末為上策。同時兩人都使用敬老優惠卡，所以比起坐公車，敬老優惠較多、可以不用轉車的地鐵會是比較好的交通工具。從地鐵下車後到戲院的路途還要越短越好、越簡單越好。

場次時間也很重要，電影時間如果太早，父母可能會很辛苦，而且最好避開父親午睡的時間。還有電影片長太長也很困擾，既然出門了，就順便安排在看電影之前或之後在外用餐，所以要挑選最好能接上午餐或晚餐時間的場次比較好。

餐廳最好在電影院附近，當然口味和菜單必須同時符合父母兩人的喜好，所以我會提前去吃過，確認味道合格才訂位。

即使滿足了以上所有條件，在預約電影時還有個很重要的問題，就是座位的選擇。父親不喜歡身邊有太多人擁擠的感覺，所以最好挑靠走道的位置；最近母親看不太清楚銀幕字幕，所以座位不能太遠而且最好在中間。另外根據所選電影種類不同，有時需要挑放映廳銀幕較大的場次，有時則需要考量音效好的地方。

終於所有準備都完成了，但是為了這樣天衣無縫的完美計劃，我用盡所有心力，這時也差不多滿身瘡痍了。因為我要考慮太多事情，為了預測可能發生的一切而做出選擇，所以精疲力盡。

雖然非常辛苦，但我相信自己已經盡了最大的努力，一定能成為完美愉快的電影旅行。但儘管如此，當天從父母離家到返家的那一刻前，我還是會一直懸著心，什麼事情都做不了。為什麼？因為不管我再怎麼準備周全，那可惡的傢伙「變數」總是會出來攪局。我只希望父母久違的觀影體驗能愉快、舒適，但卻整天一直擔心會出現什麼妨礙的情況。

果不其然，變數總是有的，而且是完全無法預測，也就是我完全無能為力的事。比如說父母搭地下鐵途中因為很小的事而起爭執，就算到戲院了兩人心情也不開心。這不算什麼，進入戲院好不容易找到座位坐下來，卻發現前排的觀眾太高，把字幕全都遮住了；坐在走道另一邊的觀眾，在電影放映中手機一直震動，但是他卻完全沒有要拿出來關掉的想法，讓父親在看電影中途一直很在意。還有我精心挑選的電影，父母看完之後覺得還好；好不容易找到的人氣美食名店，卻在泡菜裡發現一根頭髮……這世上有太多變數是無法阻止的。

當父母回到家，向我抱怨那些變數中的任何一個，我就會全身無力洩了氣。不是我的計劃失敗，而是感覺「自己」失敗了。聽著父母經歷的任何不愉快，我都會產生巨大的罪惡感，因為我覺得父母之所以經歷這些事，是因為我偏偏在那個時間讓他們去那個電影院。儘管我什麼都沒做，但這一切似乎都怪我。

因此不管什麼事只要是交給我負責，我都會給自己很大的壓力，因為我會要求自己必須做好萬全的準備。決定父母生日全家一起聚餐的地方、尋找公司兩天一夜研修活動的宿舍、朋友之間的旅行計劃，對我來說都是巨大的壓力，因為我會擔心會不會發生我沒有預想到的狀況，不能完美達成目標，所以感到很吃力。但無論我如何提前進行實地考察和準備，都一定會出現變數。

每當這時我都很想哭喊：「我真的很討厭出現變數！」在我為無法完全控制的事情努力奮鬥的過程中，我的能量迅速消耗殆盡。我這種控制慾和完美主義，導致後來落到過勞的下場，是再自然不過的結論。

我只想做我想做的事

朋友們看到我常常說：「像趙玟英那樣活著實在太累了，還好我不是妳。」我是非常計劃性的人，每天早上都會先整理好條列今日事的「To do list」，再展開這一天。內容並不是只單純寫下今天要做的事，而是為了完美的一天而制定的行程表。從各場所的最少移動時間，到與某人見面時可以使用的最充裕時間，再到吃飯時間，這是考慮的最佳路線。將要做的事決定順序，在時間內一件件確實完成，就像在電玩遊戲中一一完成任務闖關成功一樣，看著行程表上一項項要做的事被劃掉，會有一種快感。「To do list」裡寫的每一件事都沒有遺漏，每一件都執行完成，對我來說很有成就感。大概像是今天又好好地活了——類似這種感覺。

我最討厭的當然就是沒有達到預期目標，突然發生沒有考慮到的事情，使我的計劃出現差池，這會給我帶來莫大的壓力。而且，對於引發壓力的對象，我會感到極大的憤怒。每當有人未先知會，就突然通報某件事時，我會感到一陣狂怒不可遏。因為某人的不成熟，讓我的計劃出現很多不該發生的事時，我就會非常討厭和埋怨那個人。對於凡事沒有計劃，隨心所欲地行動，一下這樣一下那樣的人，我是百分之百地厭惡。

因為我希望所有事情都按照我的意思、我的方式進行，這種控制慾望太強烈了，所以當事情無法如願時，我的承受力量就明顯比普通人還弱。應該說是耐受力差，還是忍耐性差？無論是哪一方，我面對一些壓力都表現得極其脆弱，即使發生微小的變化，也總是表現得異常敏感，彷彿神經要斷了。

當我在房裡忙著打電腦工作時，媽媽卻要我一起去晾衣服，這會讓我很生氣；上司不按牌理出牌，無厘頭地說想做什麼新事業，會讓我生氣；無論多喜歡的人，如果未事先通知就跑到我家附近來約我見面，我也會生氣；我只想一個人安安靜靜地吃飯，店員卻走過來很親切地問說今天的餐點如何？我也會生氣。

如果事情未能按照我的方式進行，我會馬上失去想做的意願。例如某單位請我去上課，我當然很樂意，但若他們所要求的主題或希望的授課方式與我的想法不同，甚至強求我配合，我就會不耐煩。雖然受委託上課，本質上是為了他們的需求，但我還是會想給他們我認為最適合他們的東西，因為「你們看起來像需要這種東西啊！」

會議也一樣。以我認為的重要案件為主，以我希望的速度進行，如果沒有達到我預想的結論，我也會不高興。到這種程度，我確信了一件事——凡事都要如自己所願，這種想法才是「病」。這也是前面所說，不可能、無謂的期待之一。

想要和不想要就像硬幣，是一體兩面。為了得到自己想要的東西，必須連自己不願意的都要接受，不能只得到我想要的那一部分。雖然很殘酷，但這是必須接受的前提條件。

H很愛老公，但非常討厭婆家。她老是在苦惱，有沒有辦法將丈夫從婆家完全分離出來，只和老公生活在一起，如果可以那樣的話就非常幸福了。但是老公和婆家是血脈相連的，從出生到現在有著共同的回憶，不管老公和婆家的關係是好是壞，他們之間絕對不可能斷絕關係，所以根本就無法分離。既然她愛老公，就必須接受婆家的一切；如果真的無法忍受婆家，那麼再怎樣深愛的男人也只能放棄。

只接受自己喜歡的東西，拒絕討厭的東西，這種不可能的慾望一出現，人生就會變得疲憊。這種人夢想的是一個沒有任何妨礙的世界，所有一切只為我存在的世界。我想讀書的話，在那段時間什麼都不能妨礙我；我想睡覺的時候，誰也不能吵醒我；當我想吃什麼的時候，就有人可以馬上做給我吃；我沒興趣的事，一件也不用做。凡事都能隨心所欲，那該多好啊！但我們不是這個世界的王，宇宙並不是只為我而轉，沒有一件事物是我能完全隨心所欲操縱的。這才是我們生活的世界。

夢想與生活本身完全相反的人是不幸的。如果懷抱著世界會依照自己的意願行動的盲目期待和慾望，那麼得到幸福的機率就會大大減少，這就是結論。我經常煩躁、生氣、發瘋的原因，就是我所希望的是不會成功的事。不成功的事就是不會成功，能不能接受這個事實關係到我的幸福。

一切都必須是最好

我一直都很想學跳舞，最想學的是流行舞蹈，像電視上那些偶像團體跳的一樣，但是過了四十歲之後，我就再也沒提過想學跳舞。即使去上課，站在鏡子前與一旁如青蔥般的年輕人在一起，腦中也一片空白。我擔心自己會讓上課氣氛變得很奇怪，妨礙大家。再加上有點擔心膝蓋，為了將來還可以用很久很久，我想我必須要小心一點。

其實為了學舞，我曾去過三種不同的舞蹈教室。第一個是爵士舞，但我在教室窗外觀看過上課的狀況後，連報名都沒報名就逃之夭夭了。那堂課上的是爵士舞的基本舞步。學生們無不挺起胸膛、揚起下巴，踩著自信滿滿的舞步，從教室的一邊橫越到另一邊，我看了只覺得我就算是死而復生，也永遠學不會那種舞步，於是二話不說就逃走了。我想那終究是我無法做到的事。

第二次和朋友一起去學踢踏舞。在大學教音樂劇的時候，看過無數次百老匯傳說中的踢踏舞影片。我想我應該也能做到，我對自己很期待。但開始練習後，馬上發現我的身體條件不適合跳踢踏舞。穿著踢踏舞鞋，與其他人並排站在鏡子前，反覆練習在地板上跺腳的基本動作。其他人都站在原地跺腳，但奇怪的是只有我越跳越往後退，脫離了隊伍。老師觀察了我之後，發現我的腿沒有肌肉，無法支撐。

我不喜歡鏡子裡的自己。別人都跳得很好，唯獨我跳得不好，我受不了這個事實。雖然知道剛開始學難免生疏、手足無措，但我認為我不會。不管是不是第一次，我都可以做好，我應該是在任何地方都嶄露頭角並受到稱讚的人。但是鏡子中的我卻和想像中的完全不一樣。四肢極度不協調，像是笨拙地模仿動作，連我自己都看不下去。結果最後我以膝蓋疼痛為由，在三個禮拜之後決定放棄。

第三次是肚皮舞教室。我向來動腦做事比較多，所以身體太不靈活了，也過分壓抑我比較女性的部分，為了達到各種均衡，我決定學習肚皮舞。當我換上肚皮舞服裝，和老師並排站在鏡子前時，我的視線最先落到我的小肚子上，太丟人了。老師沒有一點贅肉，身材苗條，所有動作都很優雅，而我無論做什麼動作，都覺得笨拙、粗魯、滑稽，真是非常羞愧。看到自己像棍子一樣硬邦邦的，而且連節拍都對不上，還蹦蹦跳跳地跑來跑去，真是痛苦萬分。當然老師是經過長時間的舞蹈鍛鍊才有今日的樣貌，平生第一次學跳肚皮舞的我當然不能比，但即使知道這個道理，我還是對於自己跟不上老師而氣憤，而且膝蓋也開始痛了起來。本來想好好表現，結果韌帶拉傷了，於是過了四個禮拜，又終於不得不放棄。

剛開始我想是不是「我不適合跳舞？」或是因為「我的肌肉和關節太弱，沒有運動天分？」但是問題並非出在這裡。因為我對於自己做不好的事會很氣憤，所以只做我擅長的事；就算我是菜鳥，也要成為最厲害的菜鳥。如果有比我做得更好的人，我就會感到氣餒；如果我努力了還是趕不上對方，我就會輕易放棄。總是耐不住性子、太急躁，因為我希望自己能馬上進步。對於我做不好的事最多也只能忍受一個月，一個月後如果還不能做好，就會放棄。

不只跳舞，我中學三年級時曾為了上藝術高中來到畫室學畫畫。我覺得自己應該有美術天分，而且我個性認真，照著畫室老師教的練習，很快就得到很好的評價。然而有一天，一個比我小一歲的學生來到畫室，我看到他的水彩畫之後受到很大的打擊。那不是畫室教的通俗筆觸，而是非常具有獨創性，從沒見過的新畫法。我看了之後整個人像洩了氣的氣球，那種才能我贏不了，因為贏不了所以乾脆放棄。於是我不再去畫室，考藝術高中的事也放棄了。我一心只想成為最厲害的人，但一發現不行就馬上放棄，這樣的想法好像一套組合存在著。

我總是要做到最好，不管在哪裡、做什麼事，最好的人必須是我。最誠實、最好強、書看得最多、表演看得最多……不管什麼我都要是最棒的，只有這樣我才能安心。

我想起高中時，因為數學老師上課時常常口渴，所以要有人幫他準備水，我們稱準備水的同學叫「水女」，而我就是我們班的「水女」。當然每個班級都有水女，但我要成為「全校最優秀的水女」，所以我會根據不同日期準備不同顏色的水瓶，還配合季節精心準備適合溫度的水，夏天上課前先把水瓶放在空調前面；冬天為了不讓熱水變冷我會抱在懷裡保溫，換句話說就是要提供不同層次的服務。我真是最厲害的瘋子。

事情這樣發展下來，不是最棒的東西很難進入我的眼。無論是演出還是演講，甚至是玩耍，我的眼裡很難看得上不夠精緻優秀的事物。我最討厭看的節目就是「全國歌唱大賽」。參賽者在各自居住的村里中，也許是最棒的，但如果看到那種實力相差太遠的人出來炫耀自己，我會覺得尷尬又不舒服。會想那些人不知道哪來的勇氣，還能那麼開心更是令我難以理解，心想「如果是我應該無法上臺，不，是絕對不會上臺」。

其實最無法理解的是我自己。我也和他們一樣，只是一個無法成為最好的平凡人而已。在某個領域裡好像有那麼一點才能，但要成為最好的還差得遠。因為這個世界上有太多比我更厲害、更了不起的人。在「最好」的世界裡如果我無法成為那個「最好」的人，那我就只是個「沒有價值的人」，這是我在潛意識中對自己的評價方式。不然就是拒絕承認現實而陷入妄想，想像自己只是「還未被發現隱藏的實力」。

因為要成為最棒的，所以有很多事情一開始受挫很快就放棄了，現在想想真是後悔。就因為不能成為最棒的，所以還沒來得及享受就輕易放棄的東西太多了。常聽到「比起最好，不如盡力」這種話，如果我把盡力當作目標會怎麼樣呢？不能做到最好的部分我只要再多忍耐一下撐過去，或許就可以享受那件事物的樂趣。最棒的總是只屬於一個人，所以能達成的機率很小，但盡力是看個人，只要願意隨時都可以盡力！唉……真可惜。

完美地全都要具備

平常我並不認為自己是個物慾很多的人。一提到物慾，就會想起在百貨公司兩手拎了好幾個購物袋的人，我跟他們不一樣，我也不會因為別人有但我沒有而焦慮或過度消費，我想要的只是一些瑣碎的東西，所以我想那應該不是物慾。

儘管如此，迄今我人生中花費最多錢購買的東西，就是音樂劇相關商品。我在大學二年級時第一次迷上音樂劇之後，只要是與音樂劇有關的東西我都要收集，音樂劇配樂CD和節目單、傳單是基本，海外音樂劇DVD和劇本原著，還買了有關音樂劇的各種理論書，後來我開始上網搜尋全球二手市場，收集一九〇〇年代初百老匯相關的雜誌等稀有資料。

一開始只是單純因為喜歡音樂劇，偶爾買個一、兩樣，但越買越覺得必須「完全擁有」。後來為了在大學教書，我開始正式學習音樂劇歷史，也更想擁有各個時期的所有名著。如果發現一般人較不熟悉的冷門名著，就會有「天啊！這個一定要買！」的想法，所以買東西的數量呈幾何級數增長。每個禮拜從亞馬遜購物網站送來的快遞箱子就有兩、三個。但我沒什麼罪惡感，因為我認為那些「都是必須收藏的」，讓我完全沒有過度消費的想法。

因為買的相關商品很豐富，我可以靈活運用在課堂上，常有人問「妳怎麼買得到這個東西？」時，我只是若無其事地聳聳肩。在音樂劇的劇迷之間，也有越來越多人跟我借相關資料，讓我有一種「死忠粉絲」的自豪感，還產生了想成為國內最棒的音樂劇迷的慾望，於是我買得更多，即便我擁有的已經很多了，但我只在意還有什麼是我缺的，一心只想把所有缺口都補起來，必買清單就沒完沒了地增加，想要擁有各個時代、各種體裁的音樂劇相關資料，最終把我變成了物慾的化身。

我開始產生錯覺，認為我擁有的音樂劇資料數量就代表我的實力，擁有更多，我的價值才會更高，所以絕對不能停止。我的房間飽和了，找不到空的地方，書架上已經疊了兩層，地板上也開始堆成一座座小塔。

大概就是從那時開始的，我感覺自己被壓住了。有一段時間，看著書架上滿滿的原著或CD，有一股滿足感，心情很好，但後來那些東西卻把我壓得透不過氣。雖然擁有這麼多，但我自己很清楚，那些內容並不是我可以消化完的。

別人都以為我有那麼多CD和DVD，當然應該全都聽過或看過了，但事實並非如此。我消化的速度比不上買的速度，有一半以上的CD和DVD甚至還沒有拆封。隨著時間的推移，我感覺自己就像一個糖鼓燒餅。雖然外表看起來很大又飽滿，但實際上是空心的。隨著音樂劇相關物品越來越多，「我是假的、騙人的、都是打腫臉充胖子」的感覺也跟著變大了。是的，填滿我心裡的其實就是不安感。每次看到房間裡堆得滿滿的書、CD、DVD，心裡就會想「要快點看完……要快點讀完……」，但我的手卻又不知不覺像習慣一樣在網路上搜尋，我已經上癮了，雖然花了很長時間才領悟到這個事實，但也已經無法輕易擺脫了。

直到後來過勞，我也捨不得那些投入全部財產買來的東西。我什麼都做不了，工作也停擺，我房裡的音樂劇資料快堆到天花板，卻像是無用之物，巨大的包袱。我只能躺著、看著，默默流淚。有一天，我突然明白了。一直以來，我為了彌補我的不足而使出渾身解數。以為擁有很多資料就能成為特別的人，一直欺騙自己。事實上，我一直都知道這不是真的，所以更難過，在被物品壓得喘不過氣來的負擔和後悔中生活，現在到了必須擺脫這種狀況的時候。

我開始把我所有的音樂劇資料分類包裝，然後在每個箱子上都寫下明細。挑出珍貴有價值的音樂劇CD或節目單，捐贈給國立藝術資料院；一些有歷史的音樂劇傳單則捐給網路資料庫進行掃描保存，讓音樂劇同好可以共享；樂譜分送給在劇團的學生們，並將手中的影片上傳到雲端，讓學生們可以觀摩。十年來收集的音樂劇雜誌、各種原著和DVD等，都分送給我所執教的大學收藏。

然後把狀態好的物品拿到二手書店去賣，或者捐贈給救世軍義賣。把所有東西都處理好之後，剩下的是我親手寫下、製作的筆記，以及聽了數百遍、外盒沾滿手垢還有刮痕的舊CD，根本賣不出去，也送不出去。也就是說，剩下的只有原本真正屬於我的東西。

心裡好痛快，感覺壓在心頭的大石塊消失了，終於可以好好呼吸，像重新找回完整的我一樣自由。後來常遇到那些接收了我的收藏的人，問我會不會覺得很可惜？那麼多珍貴的東西怎麼捨得分送出去？我聽到都只是笑一笑。有什麼好可惜的？它們是我愚蠢和匱乏的證據，也是蛀蝕我生活的怪物。現在不擁有反而更驕傲。

自從有了這極端的體驗以後，我每次買東西時，都會多想一想。直到現在，我人生中支出最多的部分仍然是書，但不是音樂劇，而是繪本和心理學方面的書籍。不過每月整理家計簿會發現，書價支出總額常有顯著變化，有某個月幾乎一本書都沒買，某個月卻像發瘋似地狂買，為什麼會有這樣的差異呢？

也許聽起來很奇怪，但我買書的量和我的自信感成反比。當我自認是個不錯的人時，就會覺得似乎用不著買那麼多書；但如果自信感低落時，就會盲目地買書，好像買書可以充實我的知識和自信。當沒有自信時，對未來的不安也會一起襲來，所以就會覺得需要更多的書，只有全部收藏才能安心。不過在這種衝動之下購買的書，日後當我看到它們，想著「我買這本做什麼？」的時候，就失去了意義。

我用買書來彌補沒自信和不安感，每個人都有自己的管道，例如有些人會買吃的來填補空虛，有些人會買一些讓自己看起來漂亮的衣服或飾品、皮包來平衡。有些人則是選擇喝酒來忘記不愉快的心情，或者埋頭於工作、從事自己感興趣的活動。

你是不是也有並非因為喜歡或必須，但卻無法停止的過度行動？先想想誘發這種行動的根源是什麼，到底是什麼讓你如此焦躁不安。

與他人比較時，討厭輸的感覺

如果可以，最好不要做的事，其中之一就是「比較」，連一些細微瑣碎的事也不要拿來比較。「比較」與「慾望」是相同的，開始了就沒有盡頭。一旦戴上比較的眼鏡看世界，就很難拿下來了。剛開始或許只為了單一項目而比較，但久而久之會拿自己擁有的東西跟別人比，最後跟世界上的所有東西比較。

這個人的職位比我高還是比我低？比我聰明還是比我笨？學歷比我好還是壞？比我漂亮還是醜？個子比我高還是矮？實力比我強還是弱？才能比我多還是少？錢比我多嗎？我沒有老公、男友、孩子，她有嗎？他的家庭比我們家和睦嗎？……像這類的比較無窮無盡。（是不是看出來了？比較的基準全都是二分法思考——好與壞、多與少、有或沒有。）

但是不管再怎麼努力不去比較，很多時候還是會自動比較。我覺得自己並不算矮，但如果一個非常高的人站在我旁邊，那瞬間我就變成矮子了；我覺得自己長得並不醜，但如果有一個擁有明星美貌的人坐在我旁邊，那霎時就會感覺自己成了醜八怪。在那樣的情況中，我們幾乎不會想到「不是的，我的個子不矮！」「才不是呢，我絕對不是醜八怪！」那樣感覺是否定現實，應該怎麼辦呢？

那就立即承認現實吧。「哎呀，站在那個女生旁邊我就變矮。」或「哇，在那個男的旁邊我好像也沒多帥。」乾脆就這樣想，想到這裡就好，因為即使承認現實，我也絕對不會永遠是「矮子」、「醜八怪」。但是，如果不承認，感到憤怒、沒有自信或感到羞恥，就會連帶討厭那個和我比較的對方。

嚴格地說，對方並沒有什麼不對，可是我卻把心情不好的罪過轉嫁給對方，在心裡叨叨唸唸：「呿，長得高有什麼用？」「巴掌臉有什麼了不起？」這樣罵人的話，心情只會變得更糟，那時可就真的會成為醜陋的人了。因為越比較，只會突顯自己是個醜陋、無用、無價值的人。這是百分之百會輸的遊戲。

其實每個人在世上都是獨一無二的存在，無法把大家都排成一排，區分誰好誰壞，因為我們每一個人都不一樣。即使同一種橡子，可以排成一排，量量看哪個大哪個小，但橡子、銀魚、黃瓜、蜻蜓、葡萄等全然不同的東西放在一起，要如何以同一種基準來比較呢？沒有什麼單一標準可以適用於我們所有人，不管用什麼標準，那只是拿它的其中一部分來比較而已。

假設A比B的運動細胞差，在運動方面A比B更有自卑感。然而A畫畫比B好，在繪畫方面B就比A更自卑。那麼A和B誰比較優秀？這是沒辦法下定論的。甚至還有模棱兩可的標準。例如C很固執，這是好的，還是壞的？如果在不該固執的時候固執，那肯定是壞的；但在困難的情況下也堅持把事情完成的話，意志力與耐心都拿得到很好的評價。

而且每個人區分優劣的標準也不一樣，大家都用自己的標準來評價別人。有個小孩覺得自己比住在隔壁的鄰居擁有更多變形機器人，所以覺得自己比較厲害；但住在隔壁的鄰居認為自己有很多朋友，比那個小孩更厲害。有些人認為畢業於社會認可的好大學，進入好公司，與好家庭的人結婚是最理想的；但有些人卻會認為，能自己選擇自己想要的工作，享受自由才是最棒的。

一個人不可能在所有領域都很有成就，那是不可能的。每個人都有自己擅長和不擅長的領域，因此，我有時優秀，有時不優秀，這就是真實。但是人們經常在自己不擅長的領域裡與他人比較，進而將自己逼上絕路。低估自己擁有的價值，拿自己沒有的東西和別人比較，只會貶低自己。

沒有人能拿自己缺乏、不擅長的部分和別人比較，還能相安無事，任誰多少都會崩潰。失去自己的價值是如此容易，所以這種時候應該盡快轉移焦點。先看看自己所擁有的，想想自己感興趣的，看看自己真正想要的是什麼。如果能確實這樣做到，心就不會那麼脆弱容易動搖。

一般不了解自己的人更容易陷入比較的泥潭。這個想做好、那個也想做好；有了這個，又覺得另一個似乎比較好；現在這樣不算好，要那樣才算是過得好……這一切都是因為自己沒有一個堅定的標準。我是什麼樣的人，我擅長的是什麼，我想要的是什麼……如果自己都不知道這些答案，那麼隨時都會捲入盲目比較的狂潮之中。

比較真正可怕的地方在於，我的幸福取決於自己是否比別人強。只有當沒有比我優秀的人時，我才會感到幸福和滿足，但這是絕對不可能的，因為在我之上總是有很多優秀的人。如果站在比自己高的人面前畏縮不前，站在比自己矮的人面前趾高氣揚；站在比自己高的人面前自尊心受損，站在比自己矮的人面前沉醉於優越感；站在比自己高的人面前彎腰屈膝，站在比自己矮的人面前昂首闊步。那麼，我的幸福完全取決於別人，我的價值隨時都隨著身邊的人而浮動，這就成了沒有主體的人生。

比較很可怕的另一個理由，是無法忍受以前比我差的人，現在卻比我好。光是面對比自己高的人就夠嗆了，現在連比我矮的人也搬了梯子爬得比我高，那該有多瘋狂啊！所以我們會想讓比自己更差的人繼續留在原地。最大限度地壓迫他們的自尊，讓他們絕對超越不了我。萬一情況發生改變，對方與我之間從落後變成平等，甚至有超越的危機，就會立即斷絕關係。因為被原本比我更差的人追過去，讓我更難受。

只要陷在比較的泥潭裡，就會一直互揭瘡疤起衝突。就像被關在深井中，想要先爬上去，就得抓住上頭那個人的衣角把他拉下來，如此不停反覆。你真的還要繼續陷在那裡嗎？

心靈補充課程

接受變化吧

你對變化是怎麼想的呢?喜歡變化?或是討厭變化?這個世界不管我們怎麼想，總是不斷在變化。如果自然停止循環，固定在某個特定的時間內，會怎麼樣呢？不變則死。所以一切都在動，一點一點根據各自的速度變化著。

渴望安定的心

有時候特別不喜歡變化，尤其是當我的情況漸漸向更壞的方向發展時，會因為害怕越來越壞而希望不要再變化。相反地，如果非常喜歡目前的狀況，想要永遠維持幸福時，也希望不要變化，一直保持原樣。這兩種情況都是希望世界配合「我」的情況，十足地以自我為中心。

在上心靈補充課程，和學生對話時，意外地出現最多的單詞是「穩定」。大家都希望有穩定的收入、穩定的生活、穩定的工作、穩定的職業，這背後的意思是現在的一切不夠穩定。我們想盡辦法成為一個穩定的人，因為不喜歡任何預期之外的事發生。但是絕對的穩定真的存在嗎？有工作、薪水好、買房子，然後就穩定了嗎？看看已經達成的人會發現，答案是否定的。或許他們看起來很穩定，但他們也很不安。為什麼？因為生活會不斷變化的，不可能永遠都一樣，一切都在變化，新的事不斷發生，一刻也停不下來，生活並不是固定的，而是會持續變動的。

我們的生活猶如波濤，在波浪上漂浮時，即使靜靜地待著，也無法不隨波晃動。無論我們如何努力讓生活穩定，生活還是在波浪之上，能夠保持穩定的唯一方法就是乘風破浪，只有隨著波濤不斷變化才能活下去。

接受自己力有未逮的事實

回想起來，在過勞之前，我的人生是為了讓世上萬物如我所願而費盡心思。就像站在從上往下流的江中間，為了將那巨大的水流全部變成我想要的方向，竭盡全力想堵住水，但真的可以嗎？答案很明顯，在我身體還能堅持的時候硬挺著，但終究會力氣用盡，被急流衝到出海口。

我拼命地做每一件事，希望在我想要的時間、以我想要的方式、得到我想要的結果。當然，並不是說這樣是錯的，但是有句話說「盡人事，聽天命」，人盡力了，剩下的結果要靠上天來決定。但是我無法那樣做，我試圖操縱結果，而那不是我能做到的。

電影《王牌天神》中，主角布魯斯體驗了上帝的工作。每天都有數億人次的申請事項（禱告）——實現愛情、找到工作、中樂透、買房子——一瞬間各種要求充滿整個房間，他簡直要發瘋了，所以乾脆對所有願望都說「Yes」，但世界大亂了。看著那個場面，我第一次換位思考。我希望世界能按照我所希望的方式來配合我，但不光是我，地球上所有的人都有一樣的想法，那要怎麼達成呢？沒有辦法達成。所以接受人生，或許就是接受我們都有自己力不能及的事實。

承認我所知道的並不是全部

還有一個不該忘的事實。如果任何事情都能隨心所欲，對我來說或許並不是件好事。就算現在對我來說是好的，以後可能會成為我的絆腳石；現在認為是災難的，最終也許會變成更好的機會。

我所認為的完美計劃，實際上只是我知道、經歷過、非常狹隘的預測而已。如果把我不知道的、沒有經歷過的也加進來一起考慮，可能就會發現原本的選擇不是最好的。可能有更好的選擇，也可能發生完全想不到的事情。

所以心理學家榮格（Carl Gustav Jung）說：「好是更好的敵人。人們往往怕失去現狀，而停止腳步追求更好。」我們必須有所警惕，不要誤以為自己知道的就是全部。世界廣闊，我們不知道的事物很多。如果承認這一點，即使有什麼事不如己意，我也能輕鬆看待。因為誰都不知道人生會是什麼樣子。

感謝自然給予的東西

控制慾和完美主義強烈的人，往往只拿自己無法隨心所欲的部分發牢騷，指責那些搞砸了自己計劃的人和情況。但是他們也錯過了，感謝自然給予我們的東西。

大自然提供給我們基本卻極高質量的服務，大部分人卻無動於衷。我們呼吸的空氣、生物生長所需的陽光和水，以及能夠讓我們做想做的事的身體器官（眼、鼻、口、耳、腦、內臟、血液循環等），人們往往不知感謝，等到當中有一個消失了，才會懂得有多珍貴。我們依賴這些自然給予的東西而活，卻把它們當基本選項一樣忽略，而總是追求自己沒有的東西。

也許，在著名的〈寧靜禱告文〉中出現的句子，就是如何「控制慾望和完美主義」的答案。我們必須擁有「接受我無法改變的事、做我能改變的事，以及分辨這兩者有何不同的智慧」。比起我沒有的東西，我們應該把焦點轉移到自己擁有的東西上。想想今天我做的、給自己帶來的收穫、今天得到的幫助，那樣我的內心就會充滿感激。但是如果只想著今天沒能做到的、沒有得到的、失敗的部分，只會增加對別人的埋怨、對情況的埋怨，以及對沒能完成這一切的我自己的埋怨。

覺得愛自己算不了什麼，以及總是往對自己有幫助的方向想，大家會選擇哪一種？哪一種想法才是對我們有幫助的呢？

Chapter 5

害人的恐懼

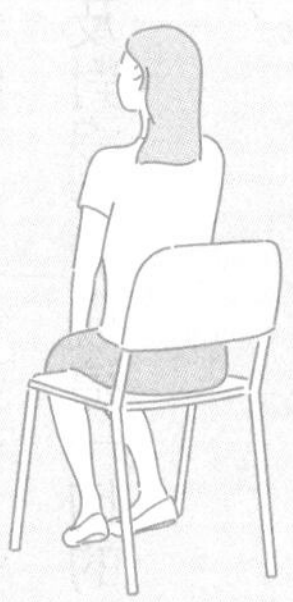

會妨礙我生活的，要提前阻止才行

人人都有防禦的態度。防禦是為了保護自己的手段，如果毫無防備，可能會遇到危險，所以一定要好好防禦自己。但是我們要防禦什麼呢？生活中需要我防禦的是什麼？

我想阻止的是妨礙我生活的一切。具體地說，我不喜歡討厭的人來煩我、不喜歡有人送我不想要的東西、不喜歡別人要我做我不願意做的事、也不喜歡聽不想聽的話。我不想為某人犧牲自己的時間和精力，也不想被別人利用去謀取利益。硬逼我吃討厭吃的東西、逼我去不喜歡去的地方、我想休息時偏偏不讓我休息……這些我都討厭。

當然了，有誰喜歡那些事呢？但在現實生活中，我們要和別人一起生活，我們必須與別人互相幫助，生活中存在著人際關係，所以不可能隨心所欲地活著。如果不能接受這個事實，就會覺得像生活在地獄，所有人都是為了妨礙你而存在。在這種無止境的壓力下，能做的事情就是變得無力或過度防禦。兩者都會消耗巨大的能量。

過度防禦首先是徹底杜絕他人接近我，特別是我討厭的人。最簡單的方法就是採取冷漠和兇悍的態度。說話時表情僵硬，用強硬的語氣不正眼看人，對方說什麼都不理睬，那麼對方通常就會畏縮了不敢靠近。（好像把刺豎得緊緊的刺蝟或正在咆哮的獅子一樣？）如果不想讓別人隨心所欲地利用自己，除了不要有幫助他人的意圖，還要讓對方知道如果錯待了我會有什麼下場。不然乾脆反過來，假裝我完全沒有能力幫助他們；或是裝忙，不給對方接近的機會。

總而言之，過度防禦就是運用方法讓別人覺得我難相處，或者認為我不值得往來。所以，過度防禦從某種角度來看，是一種憎惡自己的技術，同時也是將他人視為妨礙者的概念。不過遺憾的是，即使過度防禦成功，我們也不會因此變得幸福。因為過度防禦得到的只有徹底的孤立和孤獨，沒有人願意找我，誰也不願意靠近我，到哪都不需要我。這是你想要的嗎？所以才那樣費力地防禦嗎？即使成功也很苦澀，沒有成功的感覺，這就是過度防禦的結果。

再加上過度防禦所應對的並非當下發生的事，而是為了今後可能發生的情況預先採取對應措施，等於是採取「事前阻斷」的方式，其實大部分情況都是無謂的擔心。因此，成為過度防禦基礎的就是「過度的擔心和恐懼」，簡單地說就是「先生畏懼」。

即將結婚的L從周圍已結婚的朋友們那裡聽到過無數次，和婆婆的關係一開始就要講明白，否則婆婆會事事干涉，甚至毫無預告地闖進家門，因此必須事先明確劃清界限。從朋友那裡聽到的大部分都是不好的經驗，所以還沒結婚L就對婆婆產生恐懼感。只要男友說要去和媽媽打招呼，她就會非常敏感及緊張。雖然還不了解未來的婆婆是什麼樣的人，也不是直接說過或做過什麼，但是只要聽到「婆婆」二個字，L就會緊張起來。L絞盡腦汁想先知道婆婆的內心想法和意圖，為了不讓自己被小看，不管婆婆說什麼」都拒絕。像「這樣就是過度防禦。

人們為什麼很容易過度防禦呢？那是因為大部分的人都不知道如何在與他人的關係中保持適當的心理警戒。我們每個人都是個別的存在，不管在肉體或是心理上都需要與他人保持適當的距離。如果在街上或地鐵有足夠的空間，大部分人都會稀稀落落地站著。有個人隱私空間的概念，並自動確保個人隱私。大家都知道，如果因為上下班時間或特別活動而聚集很多人，就會與陌生人前胸貼後背地擠在一起，是多麼不方便的事情。

這種距離在心理上來看也是一樣的，與某人太親近的話，會有種快窒息的感覺，如果距離太遠又會感覺孤獨寂寞冷，但是不知道如何與他人保持適當心理距離的人很多，他們常常會允許別人肆無忌憚地侵犯。如果連不想讓別人看到的部分都被發現，不想做也被強迫去做的情況經常發生，自然而然就會產生拒絕別人的想法。過度防禦其實是因為不懂得如何保護自己，所以才會過於誇張，用錯誤的方法來保護自己。

多少有這種經驗，去旅行前擔心可能會發生的各種狀況，所以就把不知道是不是真的需要的東西全都放進包包裡，結果造成旅行時行李太重變為負擔，而實際上在旅行中，為了以防萬一帶的東西根本就沒有拿出來，又原封不動地帶回家。那些重擔算是為了穩定我的恐懼而付出的一種代價。雖然重，但能讓我比較安心。

人際關係也一樣。因為害怕變成自己不想要的關係，所以預先想了很多，結果反而無法享受真正在一起的時光。和對方相處過後，才發現自己根本就是白擔心了。恐懼和擔心遮蔽了人們的眼睛，不讓別人看到自己真實的一面，自己也看不到對方真誠的樣貌。不管是什麼類型的恐懼都會過度，能量也會伴隨著過多的恐懼而耗損。

最好的藉口：怨嘆天賦

安琪拉．達克沃斯（Angela Duckworth）的《恆毅力：人生成功的究極能力》（天下雜誌出版，二〇二〇）一書中，有一章提到「我們的天賦迷思」。人們好像真的很喜歡「天賦」這個詞，光是聽到就覺得心頭一震，好像有把天賦神聖化的傾向，將天賦視為天賜予的禮物或祝福，不是靠努力擁有的，而是與生俱來的，具有天賦的人就能表現出卓越性、絕對性的能力，是讓一切皆成為可能的神祕力量。

讓人們這種想法更加堅定的刺激，就是像電視節目「英才發掘團」中出現的孩子們。僅僅五歲的孩子，只要聽過的音樂都可以用小提琴演奏出來；還不滿十歲的孩子，擁有高超的集中力，畫出的作品令人咋舌。觀眾們看了都心想

「那就是天賦啊！」在推崇的同時，也犯下了把有無天賦視為絕對的致命錯誤，認為「沒有天賦的人不管再怎麼努力，都贏不了有天賦的人」。這樣想的結果，會不自覺產生「既然一開始就出現那麼大的差異，那根本不需要努力了」的態度。多虧那些有天賦的人，讓我獲得不用努力的免罪符。

但有一點大家都忽略了，我們全都有潛在能力，沒有人是例外的。只是這「潛在」二字，意指有能力但是被鎖住（藏住）了，被鎖住的潛力從內往外顯露，就是那個人的才能。因此，關鍵不是有沒有天賦，而是能否將我的潛力發揮出來。

在《恆毅力》一書中，安琪拉這麼說：天賦只是一種潛力，如果不努力就無法發揮。想像一下擁有音樂天賦的人，如果只是像埃及木乃伊一樣靜靜地躺著，他的潛力能發揮出來嗎？我們看著在奧運比賽中得到卓越成績的運動員，或是在演唱會上展現優秀實力的歌手或演奏家，看到他們現在了不起的一面，我們會想到「他有天賦，所以可以做得那樣完美！」但是我們都沒想到，他們為了完成這個目標，不知持續練習了多長時間。

當然，有天賦的話，確實有益於更快掌握技術，但不變的是要堅持不懈地練習和努力。只有努力才能成為技術，只有努力才能取得成果。其實我們都知道，比起才能本身，努力更重要，但是在我們內心深處還是希望相信，天生的才能是不可戰勝的，因為努力這件事太辛苦了，一旦開始努力就必須要持續很長時間，所以不想輕易開始。這時，如果有人說「老實講，沒有天賦的話是很難趕上的」，就會覺得真是太好了，因為這可以成為我現在不努力的辯解和藉口，能理直氣壯地說：「如果我有像別人那樣閃閃發光的天賦，我也有機會成功，那麼我當然會努力。」真的是那樣嗎？不，再強調一次，我們每個人都有屬於自己的天賦，只是被鎖起來，未曾努力展現而已。

那麼，我怎樣才能知道我的潛力呢？和才能一樣，應該尋找與別人不同的差異。不過，這種差異的標準如果一開始就放在跟別人比起來，我做得多好、做得多出色，是不行的。因為即使有能力，在潛在的狀態下也不會那麼突出。

因此，剛開始應該看看我的哪一面是「自然的」，與別人不同。

自然的意思是自然而然，用另一種表達方式來講，就是不努力也可以很輕易達成目標的意思。舉例來說，有人的耐性與別人不同，從小到大都是能吃苦耐勞的人。不管是在孩子們看到針頭就大哭大鬧時，或是在部隊接受訓練累得要死時，那種可以默不作聲堅持下去的人，在耐性上他就是具有潛在能力。也許有人會反駁「耐性」算是什麼才能。但是，忍耐是能夠實現一切的巨大能力。天生的才華再好，如果沒有耐性無法堅持努力，那麼光彩很快就會消失，但是如果有耐性，潛力到最終都會開花結果。這樣還覺得耐性不算什麼嗎？

我們再看另外一個例子。雖然不像「英才發掘團」裡出來的孩子一樣，但這孩子七歲開始就展現繪畫天賦，可以想到什麼就畫什麼，非常擅長繪製地圖，老師上課講的笑話也能像漫畫一樣描繪出來，比起用說的，用畫來表達說明更方便，是特別喜歡看畫的人。即使隨手塗鴉，朋友們也會忍不住「哇！」覺得很神奇，並被要求給自己畫一個。畫畫對他來說是最簡單、最舒服、最自然的，這就是對畫畫有天賦。

但那樣的人為什麼不能成為像「英才發掘團」的孩子一樣呢？因為那種孩子的父母通常對於孩子擅長的部分會很早就予以關心，為了讓長處可以繼續發揮，從物質和精神兩方面都給予支持。因為常常做就會越來越好，所以父母會在孩子面前不停稱讚，讓孩子也認為自己可以做得好，如此一來便展現出色的成果……形成一種良性循環。

但那些連才能都聯接不上的人，大多不認為自己能自然地做的那些事情是珍貴的。因為我可以很輕鬆地做到，所以認為別人也一樣可以輕鬆做到。換句話說，別人做的是很了不起、很特別的事，而我會做的是什麼阿貓阿狗也會做的無關緊要的事（也有可能是自尊的問題）。再加上說不定那些人的父母連自己的孩子會不會畫圖都不知道，即使看到了，也可能說：「不要浪費時間做沒用的事情，有時間還不如多看書或多寫漢字。」為了將我們的潛力轉化為才能，必須領悟到它具有的可貴。

並不是只有唱歌好、跳舞好、畫畫好、樂器演奏好、數學題解答得好才是才能。傾聽某人的故事，做出良好反應的能力；有困難的時候，首先站出來，以身作則的能力；在不管怎麼混亂的情況之下都能冷靜的能力；不管做什麼事，一旦開始就會有始有終完成的能力；任何事都能迅速理解並有趣說明的能力；可以發現美麗事物的能力；看到任何東西都能迅速掌握構造重點的能力；可以把很多很好的想法歸納起來的能力；不覺得厭煩可以走很久的能力；吃了好吃的東西就能知道有什麼材料的能力；可以很厲害分辨味道的能力；可以把聽到的內容有條不紊地整理好的能力；可以將合適的顏色搭配在一起的能力；可以在一大堆衣服中找到便宜又質感好的衣服的能力；無論看什麼都能找出細微瑕疵的能力等等……這些全都是才能。

即使擁有再好的潛力，如果認為沒什麼大不了的，就會永遠失去表現的機會；相反地，看似微不足道的某種能力，在我了解其價值的瞬間，可能會閃閃發光。有的人不愛自己，相信自己不會有那麼好的東西。但那種信念並非事實。

每個人都有擅長的地方，正等著我們自己發覺而一直在傳送各種提示，我們有義務發現並讓它甦醒，同時，有義務和世界上其他人分享這種能力。這是我的並不是別人的，是我身為我的原因。

我先逃避的一切

開始在社群網站上活動，已經一年過去了。別人早就做了一段時間，厭倦了正要離開的時期，我才剛剛入門。其實這也不是出於自願，算是有點半強迫而開始的。去年上了「為出版的作家課程」，有提到未來如果有計劃出書，社群網站的運用不是選擇而是必須。為了與讀者交流，同時也為了讓書的銷量可以上升，這是必須的，一聽到這話就心軟了。

但我對社群網站有很大的恐懼，最擔心有奇怪的人來搭話或打擾別人。說喜歡我而過度接近會讓我害怕；無緣無故地為自己的想法挑起是非，在網路互相留言吵架也很可怕。我的一舉一動暴露了，私生活受到侵害怎麼辦；把我上傳的原創內容隨意轉載說是他自己的東西，擅自盜用怎麼辦；把我的照片合成，到處亂傳怎麼辦；如果我無意中發表的內容被有心人刻意鑽牛角尖，遭到圍攻怎麼辦；如果人們覺得我是在炫耀而更加討厭我怎麼辦；如果被揭穿一些很隱私的事該怎麼辦……恐懼事項的明細無止境。

當然那些事會不會發生，沒有做過是不會知道的，但很明顯，那些事是有可能發生的，所以乾脆不要開始或許會比較好。只要不開啟社群網站的管道，就可以完全避免那些事了。但是如果那麼做，也等於完全阻絕了利用社群網站的好處。那時的我無論如何都想逃避自己不喜歡或覺得可怕的事。就像電影《舞國英雄》裡的臺詞，「活在恐懼中的人生是不完整的」，因為恐懼而決定放棄大半人生。

我一直到很晚才加入了社群網站，發現那簡直就是新世界，這世界真的很大而且人真的很多，看到有那麼多人珍惜自己的日常，努力生活的樣子，感覺完全不一樣。

有人到偏僻的小島打工，整天洗碗、打掃環境，一有空閒，就把島上的風景拍下來，上傳到網路分享；有人每天巡迴全國的小圖書館，看遍所有繪本，回家的路上一定會在休息站吃辣炒年糕；還有人收集石頭，連續三年慢慢地修建石牆；有人每天畫一張畫；還有人用心描寫孩子們日新月異的成長日記。

生活在只有我知道的狹小世界裡時，覺得我說的話和行動都具有很大的意義，好像全世界的人都只關注我，會做這件事的人好像只有我，因此也擔心萬一失誤會被放大檢視。但是進入社群網站之後，與許多過去根本連存在與否都不知道的各地的人有了聯繫。發現不只是我，大家都在努力過各自的生活。

他們都自顧不暇了，對我的興趣根本沒有我想像得多。我這才真正地感覺到，我的存在根本就像是沙漠中的一粒沙。剛開始，這個事實讓我心想：「啊，我真的只是個微不足道的存在。」但隨著時間的推移，我開始逐漸從自己過度的負擔感中擺脫出來。

這個世界上真的有很多各式各樣的人，他們都以自己的方式來表現自我。就拿我工作的心靈療癒領域來說，在這世上，以自己的方式進行教育和療癒的人很多，誰的方式比較合適，誰是這領域中最好的專家，這些根本就沒有必要比較。大家都懷著良善的意圖，各自努力的樣子看起來就很好。我覺得不是我一個人，而是與很多人一起做這件事，因此感覺到了某種歸屬感。

不管是外表上看起來優秀的人還是不起眼的人，都盡最大的努力過自己的人生，這就是透過社群網站讓我獲得的最大感動。當然那當中生活比我更辛苦的人很多，比我更帥氣的人也很多，大家都用各自的方式努力生活這一點，讓我得到很大的安慰。在這個世界上不是只有我一個人孤軍奮戰。

如果承認人類的多樣性，那麼受到的壓力就會比較少。在加入社群網站之初，就真的碰到了曾經最害怕遇到的情況。有陌生男子傳訊息來寫著「妳好美」、「我想跟妳聊天」這些話，當自己實際上遇到了，才發現比起害怕，更覺得好笑，任誰看了都知道是沒有意義的搭訕，後來甚至讓人覺得不舒服。幸好社群網站通常有屏蔽功能，我不需要白白承受壓力，只要按下「封鎖」或「刪除」鍵就可以了。當然，即使這樣，也有人會重複用其他照片和名字來搭訕，令人覺得很煩，不過換個角度想，倒也真佩服他們，那種人也是「生活中的人」，這麼努力地尋找會上當受騙的人，屢屢被封鎖、被刪除、被無視，卻始終不放棄，繼續嘗試！在某方面來看真的很了不起，甚至產生了尊敬、羨慕的想法。現在知道了他們經常盜用的照片和騷擾的一貫模式，見到他們又出現了反而有種高興的感覺，會在心裡說：「今天也辛苦了」，然後立刻封鎖！

仔細想想，除了社群網站之外，還有很多我到現在都在逃避的事物。我逃避談戀愛，為什麼？因為我自認沒有看男人的眼光，害怕會遇到奇怪的人。最近約會暴力一類的事很多，剛開始口口聲聲說會對你好，但到後來某個瞬間突然變了，這點讓我很害怕。最可怕的是，在遇到我不知道的未知對象後，與那個人磨合的過程中，勢必不得不消耗掉時間、金錢和能量，也許為了那個人，我不得不放棄自己的生活方式。

我也逃避開車，為什麼？我害怕不成熟的開車技術會害死別人。我沒有方向感，是個大路癡，又膽小，所以根本沒有開車上路的念頭。大學時曾經去上駕訓班，在道路駕駛時，倒車沒有注意而撞到後車，這個陰影至今還存在著，所以對握方向盤仍有恐懼。另外大眾交通其實很方便，利用大眾交通公具通勤可以舒服自在地休息，如果自己開車的話則要一直繃緊神經，好好地服侍「汽車」大爺直到「停車」完成為止，實在是非常有壓力的事。

當我們在逃避某件事的同時，我們也放棄了從那個東西身上可以得到的好處。所有的事都存在著利弊，無論在哪裡做什麼，好事和壞事都會同時發生，絕對沒有只有好處的事。要想避免壞事，就不會發生好事；遇到好事，壞事也要甘願承受。什麼都是自己的選擇。

別說逃避會讓我們無法充分享受很多事，因為恐懼只過著比較安全的那一半生活，能量消耗比想像中要嚴重。為什麼?因為知道自己失去了什麼，對於那些我因恐懼而選擇不去接觸的事物其實仍抱有慾望。我也想談戀愛，想感受被呵護被愛的溫暖。我想感受這世上最好的愛，想體驗一下被人緊緊擁進懷裡那種滿足的感覺。我也想開車兜風，天氣好時打開車窗將音樂開到最大，一邊唱著歌奔馳。下雨天就在車裡打開收音機，靜靜地聽古典音樂電臺播放的音樂，沉浸在平靜的氛圍中。但就為了害怕發生不好的事，所以乾脆不接觸。如果一點都沒有開始的想法，就永遠都不會知道樂趣何在。如果想嘗試卻因為恐懼而放棄，這本身就會造成一種壓力，以後悔、遺憾、羨慕為名的壓力，將我的能量不斷耗盡。

對所有人造成傷害的，「裝～」的習慣

人們一天會有好幾次「裝～」，與其說是為了欺騙別人，不如說是為了避免發生不願發生的情況，或者是為了隱藏自己的內心，保護自己。

在客滿的公車內有人踩了我的腳，雖然很痛也很想生氣，但對方頻頻道歉，於是只好「裝作沒什麼事」；後輩粗心犯了不該犯的錯，當下覺得很煩，但還是「裝作沒什麼事」對他說沒關係；朋友全都在聊某部電視劇的內容，只有我沒看過所以什麼話都搭不上，但我又不想被排擠，於是就以新聞上隨便看到的內容為基礎「裝知道」，與大家一起討論；朋友們說要一起去沒有人住的廢宅探險試膽，我雖然怕得要死，但又不想被朋友小看，所以勉強說很有趣「裝勇敢」；雖然知道父母因為我沒找到工作而想關心我，但還是默默戴上耳機「裝

作沒聽到」。所有的「裝~」的共同點都是為了要避開什麼。

在客滿的公車內有人踩了我的腳，如果因疼痛和生氣而爆發情緒，依照對方的個性可能會當場發生更大的衝突。也許會高聲叫喊，讓人覺得不應該去惹他而感到後悔。或者被其他乘客認為不過是踩了腳，反應那麼激烈做什麼。我討厭成為被別人看熱鬧的情況。因為害怕可能會承擔的後果，所以乾脆先「裝作沒什麼大不了」的樣子。因為只要我忍住那一瞬間的痛苦和憤怒，假裝沒事，就能避免我不想發生的一切。

在後輩發生失誤時，如果當場因為煩躁而叭啦叭啦地發牢騷叨唸，後輩一定會心情更不好，那麼日後兩人的關係也會變得很尷尬，因為不想那樣，也不想成為讓後輩覺得討厭的前輩，怕他們在背後說我壞話，同時一方面心想不管唸得再多也只是浪費自己口水罷了，後輩應該也不會改進，所以乾脆把煩躁的心情暫時忍住，裝作是個充滿理解心的前輩比較好。

朋友們全都看過電視劇在討論時，只有我沒看過，但還是從新聞報導中迅速瞄一下內容「裝知道」發表幾句話，因為我不想在對話中被冷落，也不想聽到朋友說我「裝忙」沒時間看電視的譏諷。沒看電視劇不代表自己多厲害或有多忙，但對於只因為和他們不一樣，就動不動扣上不合群的帽子的奇怪心理感到疲憊，要跟他們應對更覺得累。因此，如果裝作跟大家一樣，輕描淡寫地矇混過去會是比較輕鬆的臨時手段。

朋友們說要去廢宅開試膽大會，自己心裡明明害怕得要死不想去，但卻說不出口，反而說「好啊，一定很有趣！」假裝很強悍。尤其是男生之間，如果表露出害怕的樣子，大家一定會圍攻說男子漢大丈夫有什麼好怕的。原本就因為較一般男性更敏感、細心而被當成「有點奇怪的傢伙」，如果再暴露自己恐懼的一面，一不小心可能就會被孤立。所以就算真去到現場可能會嚇得暈倒，在當下也要先假裝很強悍，然後暗暗希望臨時發生個什麼事就可以不用去了。

父母因為我遲遲沒找到工作而感到傷心難過，我當然知道他們的心情，但在也無法有什麼作為的情況下，要說「那麼擔心做什麼？再等一會兒，相信我吧。」安慰他們好像也不負責任。其實真正需要安慰的人是我，心裡最難受的人是我。但這時還是裝作不知道，忽略才是上策。就是不想一起陷入不愉快之中，所以就算聽到父母提到什麼，也裝作沒聽見；看到他們眼中流露的擔憂也裝作沒看見。假裝什麼事都沒發生，只是聽著我的音樂，會感覺自在一點。

前面提到的五種狀況，都避開了可能出現的不愉快的情況，但是真的能感到自在嗎？不是的，那樣假裝的方式對能量的消耗非常快。也許已經避免瞬間可能會發生的情況，但是因為壓抑了當下的情緒和感受，其實我們內心壓力更大。對別人的憤怒，會默默地積聚在潛意識中。

「裝～」其實也是一種謊言，日後必須為此付出代價。假設後來決定坦白，告訴朋友說：「其實我沒看過那部電視劇。」或是「我不想去廢宅探險。」那時真的會被當成奇怪的人，甚至被視為不老實的人。就算積極辯解，也很少有人能理解，反而會被指責：「那你應該早點說啊，那就不用提前預約嘛！都是因為你要被扣手續費啦！」或「什麼啊，所以你一直以來都在騙我們嗎？」「你當我是連那種事都不會理解體諒的人嗎？」等等。原本只是不想在那個當下衍生出問題，所以先假裝配合，但結果還是成了不誠實的人、不可信賴的人、奇怪的人。凡事不願誠實面對，只想到先逃避的代價就是這麼大。

在我三十三歲那年，我辦了生平最棒的慶生會。跟我最要好的朋友大約十個人聚在一起，用牛排代替蛋糕，唱著生日快樂歌，在好看的背景前拍了很多有趣的照片，真是讓人開心絕頂。那天的主角是我，沒有比那天更開心的一天了。然而那天晚上回到家，我感到莫名其妙極度的疲勞，真的累得好像隨時會倒下去一樣，我對自己的狀況完全無法理解，媽媽看到我的臉馬上就說：「妳在外面做了什麼事？」我剛剛度過生平最棒的時刻回來，為什麼會那麼累？我感到無比驚慌，連忙進房間，換衣服時眼淚開始流了下來，我趴在地上大哭一場，可是我不知道自己怎麼了。

當時就那樣沒有理由地大哭。經過很久一段時間之後，我和當時一起參加生日派對的大部分朋友漸行漸遠，直到我因為過勞而受苦時，才知道為什麼。

當時我對那些朋友根本一點都不誠實，我想聽他們說我是「best friend」，希望在他們的印象裡留下爽快好人的印象，明明有關係的事卻硬要說沒關係。

我把我最想做的事都放棄，總是想著什麼是對他們最好的，一切只以配合他們為主，滿足他們的喜好而徹底犧牲自己。就算心裡不願意，也要裝作很開心，身體明明很累也要裝作不累，就算有事也要裝作沒事，在外表看起來很開心、很興奮之際，我內心卻逐漸快要撐不下去了，覺得好痛苦。

幾個朋友說我根本不用費那麼大的勁，認為我的行動太過度了，在一旁真心勸告我時，我也逞強說：「不，真的沒關係，我什麼事都沒有。」因為在當時我真的以為自己是那樣，我根本不了解自己。雖然費了那麼大的勁和努力，但當初並沒有坦率地對待朋友。更進一步來說，我沒有對自己坦率，所以幾乎失去了所有的朋友。

如果能及早知道「裝～」的結果是這樣就好了，那麼為了迴避眼前的不便，習慣性「裝～」的瞬間，我就會猶豫一下，也許想鼓起勇氣坦誠的心會更多一些。「裝～」的另一個理由是因為不信任對方。因為不相信就算我坦白，對方也會理解我、接受我，所以當事後才說實話時，會讓對方覺得受到傷害，因為他認為自己不被信任。「裝～」可能對雙方造成遺憾。「裝～」的結果，無論是對我，還是對對方，只有傷痛。

因恐懼導致的副作用

人產生恐懼就會變得很奇怪。恐懼像烏雲，霎時間把太陽遮住，讓世界變得黑暗，麻痺理性、模糊視野。原本看得很清楚的前面看不到，就會感到害怕，心裡著急，開始對身邊的一切感到恐懼，在不知不覺間就產生最壞的狀態，所以有時會做出平時不會做的奇怪舉動。哪怕是一滴的恐懼，只要滴答滴答地落在心裡，就會開始不知不覺地侵蝕心靈，這就是恐懼的危害。人們因為恐懼而表現得與平時有多麼不一樣，我以自己的情況說明一下好了。

那天是去找閱讀治療教授，針對我正在開設的繪本集體諮商課程進行評估的日子（評估是由專家來檢視看看我編排的課程是否執行得合宜）。我帶了一堂課的錄音記錄去找教授，打開錄音記錄向教授一項一項進行說明，這才發現在進行集體諮商時沒有認知到的失誤。當下因為覺得丟臉和不知所措，我的臉很快就變紅了，在錄音檔案中聽到出現失誤的段落。

我的聲音打斷在學員們正進行得很順暢的對話。課程進行當時，我一定是自以為有幫助，所以打斷學員想幫襯幾句，結果反而成了妨礙授課的因素。我最自負的就是我的課程中最重視「自然而然」，但是我卻破壞了自己的課程節奏，想到這裡讓我受到很大的打擊。

評估結束後，在走向地鐵站的路上，我開始感到恐懼，「已經毀了的課還要怎麼繼續下去？學生們知道這件事會怎麼看我？會不會對我很失望？我還有資格再繼續下去嗎？是不是準備得不夠充分，太操之過急了？要現在放棄嗎？」好像一切都完蛋了，我突然覺得所有一切都變得好難，我的自信也在一瞬間消失殆盡，接著我就開始出現奇怪的行為。

原本順著那條路回家再吃晚餐就行了，我卻突然不想回家，臨時繞進一間平常不會去的高級義大利餐廳，一個人點了很貴的義大利麵把整盤吃光光。吃完了我還是覺得肚子很餓，於是我又走到另一間餐廳，點了披薩和可樂套餐來吃，那天晚餐吃了兩份。然後走進書店。平常為了收集積分點數，我幾乎都在網路書店買書，那天卻走進實體書店，隨手就從書架上拿書。

覺得手臂好重，我定睛一看，才發現從心理學類的書架上拿了美術治療、認知治療、行動治療等又厚又重的書共八本，看了那些還不夠，在前往櫃檯的途中，又在心理學櫃檯上拿了四本書，幾乎都是只看書名就拿了。總共花了十七萬元，兩手提著又重又沉的書回家，我的行動真的很異常跟平常不一樣，但我不知道自己為什麼會這樣。

第二天早上冷靜思緒，看了昨天買回來的書，模模糊糊地猜出了原因。特別是最後在櫃檯上拿的那些書，幾乎都只看書名就拿了，卻明確地反映出我的狀態——《自尊心課程》、《崇尚假自尊的社會》、《我還不知道自己是誰就四十歲了》、《如何活得像自己》這些書。我的自信心受損，我可能經驗不足，我可能能力不足，這種感覺成了巨大的飢渴，於是我不自覺用食物來滿足那種飢渴，接著又想用知識來填補，就像買那些書能消除我學識上的匱乏一樣。那天的我很明顯是失去理智了。

當恐懼成為焦點時，隨著理性麻痺，會開始產生非常奇怪的想法。其中之一就是雖然可以做到，但故意不做。M說：「雖然知道老公想要什麼，但是我卻不想給他，應該說是我故意不給他。」不知道問題出在哪裡，只知道有問題卻不知如何解決，那就一起尋找答案。但自己明明知道答案，卻不想去做，這情況有點難堪。問起她為什麼有這種想法，就會發現她內心的恐懼。

與M有同樣狀況的人，都很清楚老公、妻子、子女、父母對自己的期待，卻深怕答應了之後要求會更多，給了一個要第二個、給了二個又要三個，會永無止盡，所以乾脆一開始一個都不給。他們害怕自己可以被予取予求，怕別人不把自己當一回事，怕別人認為可以隨便利用自己，所以雖然知道對方可能很需要，但還是故意迴避。明知道某人必須做某件事，卻故意裝作不知道。甚至因為害怕一旦愛上對方，就會失去自我認同和存在感，所以乾脆一開始就不接受他人的愛情告白。被恐懼蠶食就會拒絕所有東西，即使知道那東西對我再好，也會因為害怕隨之而來的副作用而完全拒絕。

人甚至會因為恐懼而拒絕成功。一般來說，我們每個人都夢想成功，希望成功。如果在自己喜歡的領域透過自己擅長的工作嶄露頭角，發揮影響力，還能賺錢那該有多好啊！但是，對於陷入恐懼之中的人來說，成功的益處不會吸引他的目光，在他眼中看到的只有成功需付出的艱辛代價。

W認為因成功變得有名就要為名聲付出代價，但他不喜歡人們關心自己的一舉一動，不喜歡別人談論自己的事，也不喜歡不能隨意上街（當然要到那種程度就要非常有名，還沒到那種程度自己就先怕了）。甚至擔心萬一自己賺了很多錢，那就會有很多人跑來跟自己借錢而感到恐懼。所以他決定乾脆連第一步都不要邁出，還是不要成功好了，從心裡打消了對成功的期待。

這樣被恐懼裹脅，我們很容易做出輕率的選擇。我們以為人如果害怕，會格外仔細小心，採取更謹慎的行動，但實際上恰恰相反。舉例來說，在會議上，擔心「如果對方無視我怎麼辦？如果對方覺得我沒什麼能力怎麼辦？」為了印證自己的能力，所以不管對方提出什麼無理要求都爽快地答應，即使對方要求在很短的時間內交件，也無條件地說可以做到，總之先接受再說。

談戀愛也一樣，擔心「那個人離開我怎麼辦？」被這種恐懼占據腦海，於是對那個人不當的要求也全盤照收，嚴重的可能會不加考慮只想盡快結婚，好永遠抓住那個人，如果錯過對方就像世界末日一樣，如此執著。「會不會永遠都找不到工作，如果一直都是無業遊民，那該怎麼辦？」因為這種恐懼，所以一有工作機會出現，就不管那間公司的背景屬性，無條件先就職再說，這樣的例子也很多。

因此，在我們急著下決定之前，先緩一緩，回顧一下自己的心態。我是因為什麼才這樣急躁？我是為了逃避什麼呢？是害怕什麼？缺乏什麼？這些要先確認，否則最終吞噬我人生的不是能力不足，而是我的恐懼。

心靈補充課程

不選擇也是一種選擇

人活著的每一瞬間都在選擇，沒有辦法。從很微小的選擇到可以扭轉人生的重大選擇，馬不停蹄地湧來。如果你是有選擇困難的人，生活本身當然會感到艱辛和吃力。

心理基準模糊的時候

為什麼會選擇困難？那是因為不知道自己是什麼樣的人，沒有建立在選擇時給予幫助的「基準」。如果自己的基準很明確，根據這個標準，可以很容易區分該做和不該做的事。但是那個基準不一定要像我的價值觀、人生觀、我最看重的事物那麼宏偉。我們至少要知道自己喜歡什麼、討厭什麼。不一定兩個都要很清楚，如果不知道自己喜歡什麼，但很明確知道討厭什麼，也就足夠可以做出選擇了。

在意周遭的心理

選擇困難的另一個理由是太在意別人的視線。我們當然想照自己的心意去做，但「如果我這樣做別人不喜歡怎麼辦？如果大家因為我而受害怎麼辦？如果別人誤會我怎麼辦？」這類的想法咬住尾巴甩不掉，讓人很難做選擇。雖然清楚知道自己想要什麼，但是又太在意其他人的想法而導致無法做選擇。因為我們始終無法無視希望得到別人關愛的慾望。

不想錯過任何事的心理

選擇就是必須挑一個，把其餘的捨棄。做與不做、要去與不去、信任與不信任、生氣與不生氣……都是這樣。既然決定要做某件事，就要負起責任，如果不做某件事，也要承受損失。但是人們通常不想負責任，也不想承受損失，所以這也不是、那也不是，只有苦惱增多而已，絞盡腦汁想有沒有既不必承擔責任、也不會吞下損失的方法。為了要找出讓自己自在又能獲利的方法，選擇變得越來越難。最終什麼都不想放棄的慾望，只會讓我們更辛苦。

逃避選擇的心理

在選擇困難的時候，也有選擇不做出選擇的情況。人們通常認為決定做什麼才是選擇，但事實並非如此，不選擇也是一種選擇。很多人因為不想製造麻煩而保留選擇權，雖然現在也很辛苦，但是害怕發生更複雜的事情，所以選擇什麼都不做。

因為害怕無端發生新的變化，被捲入不願意看到的情況，加上又怕麻煩，所以選擇維持現狀。儘管現在這個情況不是我的最佳選擇，但為了避免更糟，所以乾脆什麼也不做，當然這也是一種選擇。你擁有各種選擇的權利，只是如果選擇什麼都不做，就好像希望什麼事都不要發生一樣，做了這種選擇就希望你不要因此埋怨這個世界，因為這是一個嚴肅的決定。

陷入二選一圈套內的心理

也許會覺得和之前所說的理由完全相反，但到最後必須從兩個當中選擇一個的錯誤想法，會讓選擇變困難（用一句話來說就是二分法的思考模式）。也就是說，在我們做出選擇時，如果認為只能「取其一，棄其一」，這種想法可能是一個錯誤。

D的母親提議母女一起去三天兩夜的旅行，雖然D覺得一起旅行母親一定會一直嘮叨聽了很煩，但如果不去又怕會有什麼誤會，所以就勉強答應了。D犯了什麼錯誤呢？「不去旅行＝不愛媽媽」的錯誤公式。這是真的嗎？不，就算不去旅行也可以繼續愛媽媽，不去旅行不能成為不愛媽媽的證明。但儘管如此，因為在選擇中加入這種二分法的極端狀況，所以讓選擇變得更困難。

面對如此極端的兩個選項，無論選擇哪一個，要承受捨棄另一個的代價也很大，所以很難決定。這就像是選擇要死還是要活一樣，壓力沉重，會消耗掉龐大的能量。那樣的選擇對誰來說都不容易。

在選擇的十字路口，明智地辨別的方法

遇到選擇的十字路口時，拿出一張紙，對折成一半，寫下選項，在左邊選項下面寫出想選這邊的理由，在右邊選項下方也寫下理由。或許你會問，腦子

裡一直在想，為什麼還要寫出來？但這是必須的。當腦海裡有很多想法同時進行時，雖然都是自己的想法，卻很容易會在不知不覺間被掩蓋，如果把想法放在腦海中憑空地想，絕對無法釐清，這就是為什麼人們做了選擇，卻常常不了解做出那個選擇的原因。

寫下來就會知道了。敏感的人在寫的中途，就會發現自己真正想要的是哪一邊。寫下來你會更清楚看到不同選項之間的差異，也有可能其中一邊的理由全都是因為恐懼，擔心別人會有意見而猶豫不決的心態，也會如實地暴露出來。就算寫滿了一整頁還是不知道比較想選哪一邊，那也可以從最不需要的項目開始一一刪除，那就是我的基準，以我的優先順位找出來的方法。只有眼睛看著自己的想法，像修剪枝葉一樣整理思緒，將選擇的種類減少至最低限度，才能真正思考。

假如兩邊滿滿都是恐懼的理由，那麼現在就不適合做選擇。有時不選擇也是一種選擇，人們常會忘記這一點。之前所提到的例子不做選擇，是因為嫌麻煩、想逃避，如果是這樣，在等到做好準備、可以選擇之前，先不做選擇也沒關係。

並非所有事都要在當下做出選擇，等待機會成熟，內心變得明確時再做選擇，會更有價值。頂住周圍要求盡快決定的壓力，按照我的判斷保留決定，也需要巨大的能量。但是，在保留決定的內心深處，應該檢查是否有「先把困難的事情推遲再說」的想法。因為我們都是善於欺騙自己的人。

從害怕選擇中擺脫

選擇時最能體現我們內心的恐懼。因為要做出選擇，必須不顧恐懼，才能進一步決定。這時最需要的是希望，並相信會產生更好的結果。

我稱那個為「對生活的信任」，但是很多人覺得生活對自己是不友善的。他們把人生當作告解，一不小心，隨時都有可能掉進泥潭或踩到地雷。他們的最終目標只是避免最壞的情況，所以選擇的標準通常是為了避免某事發生。為了不被罵、為了不被排擠、為了避免自己被波及、為了不被討厭、為了不要搶鋒頭……這些選擇的理由都是出於恐懼。但這樣只能勉強保持原狀，難以進步。

在大學路原本有一間烏龍麵店，現在已經不在了。當時，店鋪空間非常狹小，所以老闆最大的恐懼是「沒有座位，不能接待客人」。因此，即使是在非尖峰時間，他也絕不能讓顧客自己找喜歡的位子坐，必須由老闆安排座位，避免後面有客人來沒有合適的位子。因為隨時都害怕座位不夠，為了根本不知道會不會來的未知顧客，讓店裡的客人感到不便。我坐在老闆指定的角落座位中，看著他一直處於不安和恐懼，緊張地安排客人座位的樣子，讓我在吃烏龍麵的時候一直覺得不舒服，也不想再來了。結果沒過多久那間店就關了。

我們心裡的恐懼就像飯鍋裡熱騰騰的蒸氣一樣，看不到完整的實體，只是一片朦朧。緊張和瘋狂似乎要爆發，但卻看不到具體的東西是什麼。恐懼讓我們僵化，瞬間視野變窄，麻痺我們的理性、感情、才智、能力。那種時候做的選擇，絕對無法完全發揮實力。只顧著防禦，最終只會縮小自己的可能性。

恐懼簡直就是迷茫，是霧。如果可以，選擇的標準不應該是恐懼，而是愛。不是因為害怕什麼、為了逃避什麼而選擇，應該是因為喜歡、因為想要才選擇。以愛為基準做的選擇，可以讓我們的心更遼闊。

Chapter 6

好人情結

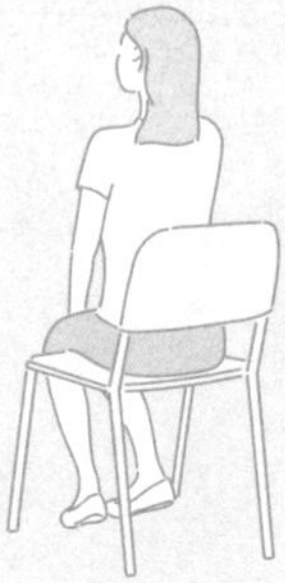

好人與壞人的定義

目前為止，前面已提過幾個嚴重消耗能量的心靈活動——二分法思考、無謂的期待與慾望、完美主義者的強迫慾、恐懼。但這些還不夠，此處再加上幾項歸咎起來可說是「終結者」等級，為了保護自己的錯誤方法之一——「好人情結」。

最近人們很容易說自己有「好人情結」，這個名詞廣泛地傳播在人們的認知中。簡單地說，好人情結就是「我必須一直善良才行」這樣的核心信念。擁有這種信念的理由可能因人而異，基本上大多是「如果不善良，人們會討厭我」。總而言之，就是「人要善良才能活下去」的概念。

到底「善良」是什麼？在辭典中的解釋是「言行舉止與內心都仁慈、正直、和藹」，在英語字典中寫的是「good, nice, good-natured, good-hearted」，定義幾乎全都是以「好」的感覺一字排開，卻又給人不確實、非常模糊的印象。因為每個人的想法都不一樣，「好」的定義也不一樣。

有些人認為好就是「善良」。在善與惡二分法中，「善」的一方無條件就是好的。所以人們無論在什麼情況下，都會為了表現善意而努力幫助他人。不管在什麼情況下，都努力不要討厭他人。哪怕是折磨自己的壞人也要原諒他，因為人們相信那樣做就是善良。

但是在任何情況下都能無條件地為他人服務、愛他人、原諒的人就是善良、是好人，這種想法有著相當大的危險性。無條件的「服務、愛、原諒」，即便受到不當的對待也不能生氣，受到傷害也總是認為自己應該原諒他人，就算對對方有一點點抱怨也都歸咎於自己而自責，不客觀衡量，完全迴避自己的真實感情，被「我必須如此」或「我不能那樣」的原則束縛，將那種規範強扣在自己頭上，只會讓自己越來越辛苦。

結果到了某個時間點，自己都沒有發現已經不是善良，而是不知不覺開始「裝善良」。即便心裡對對方的憤怒與不滿逐漸升溫，但外表上還是裝作一點都不生氣，嘴裡說「原諒他、理解他」。但我們活了那麼久，憤怒、不滿和怨氣會一直積壓在心中，最終產生心理上不適的症狀，長時間下來當然會成為更嚴重的病。

專欄作家鄭素丹（音譯）的《我想送你個眼色》一書中提到，在社會生活中「善良」的正確意思其實是「很好對付」、「受到不當的對待也很能忍」、「遇到生氣的事也不發火」、「能力還可以更好的是可以任意使喚」，善良的人即使公司不按時發薪水也能忍耐，錢少得離譜也不計較，甚至有人善良到不給錢也願意免費為公司效勞。善良的人們容忍剝削，對不正義長期放任，結果造成組織效率下滑，最終反招來眾人的埋怨。所以有人說「善良的人是傻子」，正是因為無法區分該善良和不能善良的時機，只是強迫自己無論在何時何地，都要表現得像個善良的好人。

應該是讚美的「善良」，在今日變成笨拙、像傻子一樣、不懂得為自己著想的代名詞，但是比起說你是「壞人」，人們還是寧可被說像傻子一樣「善良」。當然我們從小就被灌輸懲惡揚善的觀念，覺得被父母或老師、上司稱讚很「善良」是種榮耀的心理作祟。

重要的並非是什麼讓我有了好人情結，而是這種好人的良善個性在生活中能不能適當調節。根據我想要的結果，我可以是個善良的人，也可以不做善良的人。如果在任何情況下我都無法擺脫當個善良的人的包袱，那真的是個大問題。所以才會說是種「情結」(complex)，我們無法控制地被綁住，被拖著走。

這種人寧死也不願聽到別人說自己很「壞」。對他們來說，「壞」就是說自己自私自利、只考慮自己、不會替別人著想、只顧著自己的慾望、只追求自己的利益、對別人絕不讓步，是令人討厭的人。更進一步說，不管別人會不會受到傷害，只要自己能吃飽、過得好就行，就肆無忌憚地詐騙、利用別人、輕視別人。被當成那樣的人看待，真是死也不願意的事。

但是我們生活的世界並未把善與惡、好與壞分得那麼明白。很多人分辨善惡的方法是對我好就是善，對我不好就是惡。幫助我的就是善良的人，不幫我的人就是壞人；對我有益處的是善人，對我的利益有威脅的就是惡人；愛我的是好人，不愛我的是壞人。但是同一個人對我來說是好人，在其他人眼中可能是壞人；讓我討厭的天下大惡人，卻可能是讓別人充滿感激的大好人。

每個人對「善」與「惡」的定義都不一樣，可以有不同的解讀方式。舉例來說，一位老婦人臨終前躺在病床上給子女們留下最後的遺言：「要善良地生活啊」。子女中有人將這句話理解成「不要說謊或欺騙別人，要正直地生活」；其他人可能會解讀為「要為了兄弟姐妹犧牲、禮讓他們」；還有人可能會認為是「要做有益他人的事」，每個人理解的都不同。

那麼到底是誰對老婦人的意思理解得最正確呢？答案只有直接問老婦人才知道。對某人來說「善＝善」，但對某人來說「善＝順從」、「善＝文靜守規矩」、「善＝單純」、「善＝傻子」、「善＝沒有主見」、「善＝依賴」、「善＝隨便」。因此如果你有好人情結，應該先想想「善」的定義是什麼，對你來說什麼是善的，什麼是惡的？

犧牲與讓步的人

有好人情結的人的特徵，在聊天群組中可以很輕易看出來。假設大家要約時間見面，因為群組中有好幾個人，必須協調出一個大家都可以的時間。這天有人不行，換個時間那個人又不行，如此一來，如果一直都沒有人肯犧牲的話是永遠都約不成的。剛開始只是問「你那天行不行？」到後來變質成一種壓迫，「有什麼事？一定要那天去嗎？」每個人都有自己重要的事情，卻要把事情的重要性放在客觀的秤上（雖然不可能有）評量，營造出一種氛圍，暗示事情最不重要的那個人自動犧牲。

這種時候，最先投降的通常是有好人情結的人。不管自己的事有多重要，就算真的不行也會說服自己「如果我不犧牲，就不會有人願意讓步」，於是就放棄了，「好吧，那就那天吧，我沒關係」，這話一吐出來，瞬間群組裡原本悶悶不樂的氣氛一下子就消除了，大家很開心地說「好啊，就那天見囉～」自我犧牲的那個好人也會很開心，因為自己的善良解決了問題，讓大家都很幸福。

但是事後他必須為自己的決定付出代價。為了取消自己的約會而不斷向對方說「對不起、不好意思」，心裡感到萬分愧疚。因為罪惡感，所以下次見面時請對方吃飯，或買小禮物賠罪。為了群組的朋友而犧牲自己的計劃，還要承受很多變動和情緒，想到就頭疼，心中不知不覺浮起一個問題：「為什麼每次都要我犧牲？」

有好人情結的人只要感覺一群人之中有種不愉快的氣氛，或者溝通出現停滯，好像有什麼解決不了的鬱悶情況時，就會馬上感到不安。不喜歡別人爭吵，也不喜歡破壞輕鬆、和和氣氣的氣氛。最重要的是，這種令人窒息的氛圍持續時間越長，就越讓人難以忍受。這時就會想「還是我退一步好了」，與自己的需求、慾望、辛苦比起來，這種鬱悶不安的狀況更難熬。

但是其中卻隱藏著非常微妙的心理，就是「雖然我要先犧牲自己的事，但我的問題一定可以解決」，從某種角度看，這算是一種自信或傲慢。別人絕對不能放棄自己的利益，但我是一個可以犧牲的人。大家都怕放棄會對自己造成損失而不願退步，但我是一個即使遭受損失也要承擔的解決者，「現在這種原地踏步僵住的狀態只有我能解決，除了我以外沒有人可以解決這件事。」有這種微妙的優越感。曾經堵得嚴嚴實實的問題，因我而得以解決時感受到快感、全能感。這時有好人情結的人心裡或許迴盪著這種聲音：「我跟你們不一樣，我比你們更偉大，我懂得讓步與犧牲，我是善良的人！」

擁有好人情結的人為了瞬間的優越感付出巨大的犧牲，但這是完全不符合收支平衡的行為，因為持續壓抑自己的問題解決者一定會有極限，不可能永遠都那樣生活，我們在成為善良的人之前，都只是一個自私的普通人罷了。雖然可以透過不屈的意志戰勝成為善良的好人，但本質上我們終究和一般人一樣，喜歡過得舒服自在，都只是不想吃虧的普通人而已。為了擺脫好人情結，就是要承認並接受自己也跟別人一樣是個自私自利的人。絕對不要「裝」，不需要裝作隨時都具有崇高的情操。只有放下「我和別人不同，而且是比他們更優越」的信念，才能擺脫這種可怕的好人情結。

再回到群組聊天室裡與朋友約時間的狀況。朋友們一直都無法決定日期，一直延宕，當你說那天真的有很重要的事所以沒辦法時，朋友們卻開始問：「到底是什麼重要的事？」「一定非得那天不可嗎？」（會這樣說的人可能知道你心軟），但老實說那天你有什麼事、要跟什麼人見面、為什麼那件事很重要，這些都沒有必要向大家解釋以取得諒解，不管他們懂不懂，那件事對我來說就是重要的事。沒有必要費盡唇舌解釋，只要一句「我那天真的不行」就可以了。

因為遲遲無法做出決定，一拖再拖，讓好人情結又浮起，「這樣討論下去沒完沒了，要不乾脆我來讓步好了？」當有這種想法時，千萬要忍住，以修行的心態忍耐，絕不退讓。因為大家都如此，所以才沒有讓步。

各自的事不應該放在客觀的天秤上評量重要性，在自己的立場上那件事對我來說就是重要的，其他人無法議論。因此，只要堅持下去就可以了。如果誰都不讓步會怎麼樣？那就沒有辦法約了，結論就是下次再約囉。

大家都有事，又急著在這個月見面，那麼一定要有人犧牲，但為什麼非得在這個月見面？如果情況真的不允許，結論就是無法見面。或許會因為無法馬上見到而感到失望，但因為大家都不放棄對自己更重要的事，所以當然只能接受無法見面的結果。因此，沒有必要帶著好人情結主動站出來放棄自己的事。即使你不讓步，事情也會以其他方式解決。一切只是因為本人在那一瞬間沒能忍住，先站出來罷了。

大家都在等著有人先站出來說自己要讓步，但遲遲沒有人要出來。即便後來終於有人表示願意犧牲，大家也不會表達感激。因為誰也不在乎那個人心中經過多少掙扎才決定放棄自己的事，只會想他的事應該不重要吧，輕易犧牲自己似乎就是好人的責任。

隨時都在照顧別人的人

在閱讀治療的課程中，發現心裡有著很深病症的大多是善良的人。他們的共同點是自己的生活中主體並不明確，秉持著「要愛人並多照顧別人」的名目，一直在意別人的眼光，被別人牽著鼻子走。善良的人把自我省察的能力用在奇怪的地方。洞察自我的內心，正確理解我的想法和感情，這才是自我省察的能力。但他們把那種敏銳的觸覺用來觀察他人，「他會不會因為我說的話而受傷？我做的這個選擇會不會對他造成不好的影響？」把注意力都集中到別人身上。

但是這種擔心一點意義也沒有，因為我們永遠不知道別人心裡在想什麼。我們全都戴著自己的眼鏡在看這個世界。即使在同一個空間裡一起度過同樣的時間，但對經驗的認知方式各自不盡相同。舉例來說，大家聽了同一場演講，有人說非常有益，也有人對講師不滿意，有人會說無聊沒什麼內容，有人卻覺得受益良多。一切都是相對的。因此，無論我們如何努力，也絕對無法完全了解他人的內心。我們只能推測，以我的標準來看那個人是怎麼想的，是什麼樣的人。但那些推測通常都不對，因為每個人都不一樣。

善良的人們為了理解對方，容易消耗大量的能量。如果想知道，還不如直接問，但他們問也不敢問，只能使出渾身解數揣測，將自己所能想到的最好想法提供給對方，但在對方看來或許並不算什麼，反而會感到厭煩或有壓力。於是善良的好人會因為對方不理解自己的誠意而受傷，感到遺憾和傷心。

某個冬季的某天，因為一天之內要跑好幾個地方，很忙碌，心情也很亂，這時媽媽打電話來問我在哪裡，如果在外面可不可以回家一趟，她有東西要給我。不管我怎麼問，她都不說清楚要拿什麼給我，只說一會兒就好。於是我按捺著煩躁的心情去見媽媽，她看到我就開心地笑著問：「冷嗎？喝杯熱熱的五味子茶再走吧。」我忙得要命，只為了要我喝五味子茶就把我叫回家?!我滿腔火氣都上來了。但是以媽媽的立場來說，那是純度百分之百的母愛。看到女兒那麼冷的天氣到處跑來跑去她覺得很心疼，想讓女兒喝杯熱茶再去忙。那天因為我表情管理失敗，被罵說是一個不懂善良媽媽心意的壞女兒。人心就是如此大不同啊。

善良的好人也不喜歡孤零零的，希望大家在一起和樂融融，所以認為提出自我主張、個人要求是一種破壞群體和諧的行為。午餐時間，公司職員都表示要去吃米腸湯飯，但我想吃義大利麵，卻怎麼也說不出口，因為如果直率地表達自己的意思，就會讓其他人感到不便，又要重新協調決定吃什麼，那樣會浪費更多時間，給大家添麻煩，所以我乾脆先放棄主張。只要我不開口，便能維持團體和諧，就像勇於犧牲的崇高義士一樣，這是在展現我的雅量。但果真如此嗎？

善良的人們的想法大多是極端的，認為只有兩種情況，一是大家在一起愉快地相處，另一種是互相不和而吵架。但事實不會只有兩種情況，中間還有無數的變數。大家都去吃米腸湯飯其實並沒有什麼特別意圖，只是習慣使然，沒有多想，憑直覺就去常光顧的店。或是部長說一起去，即使大家不是很想吃也會勉為其難地附和，但如果這時提議說要不要吃點別的？不如今天去吃義大利麵吧？說不定提案來得正是時候，不想跟部長去吃米腸湯飯的人，就可以去吃義大利麵。或者大家都去湯飯館，我自己去吃義大利麵也沒關係，因為就算那樣，也不會被公司開除，不會因為那種事在公司被排擠。一切只是自己想像「萬一那樣會不會怎麼樣？」或「會不會造成別人困擾？」自己先害怕了起來。

善良的人觸角總是朝外，所以他們很容易被別人的情緒左右。明明自己從早上心情就很好，但只要和某個人擦肩而過，就很容易被那個人的負面情緒傳染，導致心情變得不好。在公司內如果有人傷心難過，只要表達一點關懷就夠了。但對善良的好人來說是不夠的，不只要對別人的痛苦產生共鳴，還要比當事人更悲傷，甚至那種悲傷的情緒要延續到回家後一直想起那個人的悲傷，與他一起悲傷。誤以為那樣就是心地善良、有同情心。不，這只會讓自己與他人分離而不自知。

善良的人會為了照顧他人而抑制自己的慾望。但你知道壓抑可能反而讓你更厭惡他人嗎？舉例來說，在飯店自助餐吧上發現甜點櫃有馬卡龍，你非常非常喜歡馬卡龍，很想七種不同顏色的馬卡龍都嚐一嚐，但你是個善良的人，想到如果自己吃那麼多，那別人可能就沒得吃了，過度貪心是不對的。所以就算很想吃，還是強迫自己壓抑住那份慾望，只拿了三個。還嘉許自己是一個有自制力、懂得替別人著想的好人。但怎麼回事！同桌的朋友拿來了七種不同顏色的馬卡龍！還說「這些馬卡龍的顏色很漂亮對吧？看了就想吃，所以我每個顏色都拿了一個！」接下來會怎麼樣呢？

雖然很想全都吃，但強忍住只拿了三個，這樣善良的你眼中，拿了七個馬卡龍的朋友是自私的、貪心的、只想到自己。不只如此，根本連一點點替別人著想的心都沒有。但是在同桌其他朋友眼裡，拿了七個馬卡龍的人或許不是壞人，只會覺得他「真的很喜歡甜食，換作是我，一個馬卡龍也吃不完，因為我不怎麼喜歡吃甜的」。不會討厭對方。去自助餐廳因為付了錢所以有權利吃自己想吃的東西，如果馬卡龍沒了，廚師會再做新的出來，除非有規定每個人吃的量，否則不管要拿七個還是十個，都不該是被指責的事。

儘管如此，善良的人還是按照自己的想法去做，認為忠於自己的感情是「自私」。因此，每當自己也想那樣行動的時候，就會產生罪惡感。但是，說自己想說的話、做想做的事為什麼是自私呢？到底要多照顧他人才能算是善良呢？因為善良的人強壓住自己的慾望和主張，所以看到沒有那樣做的人，就會感到很生氣，但實際上也會有一點羨慕。善良的人心中也會想像別人那樣活得很自我，但是基於「善良」的原則，只能壓制自己的慾望，展現自認善良的一面，指責別人自私。

把自己困在「善良」這個好聽的名詞中，為了得到好人的評價而放棄自我的人，最終會生病。在人際關係中，最健康的狀態是「分開又一起」。每個人都應該有自己明確的人生，偶爾互相幫助維持健康的人際關係。忽略自己的生活，只為幫助他人而活的關係並不健康。這當中必然夾雜著「犧牲」的概念，從那一刻起就會導致關係的不均衡。善良的人們獨自做出他人不願意做的犧牲，如果沒人在意，就會形成一種被害者的心態，反覆著讓對方感到內疚的惡性循環。那麼這到底是為了誰而「善良」？善良的人不幸福，被善良的人單方面照顧的人也不幸福，或許我們應該深刻思考一下到底是為了誰、為了什麼而「善良」。

我很樂意幫助你，但我不想被你幫助

擁有好人情結的人有一個特點：樂於幫助別人，卻忌諱自己得到幫助。N每次見面都說要請我吃飯，今天我已經先說我要請客同時站在收銀臺前，他卻過來不惜把我撞開堅持要付錢，甚至我都已經把信用卡交給店員了，他還可以把我的卡抽走把他自己的卡交給店員，看到N這樣我感到相當詫異，搞不懂他為什麼要這樣，弄得好像N不給我做好事的機會，我也不讓N可以照顧別人。N想得到的到底是什麼？有的人總是會想幫我的忙，想幫我準備點心、幫忙打聽聚會場所、幫我先去探路……所以我也想有機會要回報對方，跟他說有任何需要都可以跟我講，但他卻擺擺手說沒關係。那種感覺不是很舒服，因為從拒絕中能感受到微妙的氣息，那種氛圍就像「我的事情我完全可以自己搞定，但你不是，你需要幫助」。

如果長期處於單方面接受幫助的角色，就會對對方的幫助感到負擔，我感覺自己好像是一個欠債的人，或者是一個無能的人，連還債的機會都沒有，只是不停債臺高築。得到的太多了，實在無法償還。為了回報已經得到的恩情，恐怕永遠也離不開那個人。

剛開始肯定是很感激的，但隨著時間推移，會越來越覺得喘不過氣來。我開始混淆，這個人到底是為了我，還是為了自己。最終是為了困住我，為了不讓我離開，為了讓我變成他所屬的嗎？一旦有了那樣的想法，對方看起來就會像個惡魔，我則為了從他的手中掙脫出來而筋疲力盡，他還會憤怒地對我說：「我是怎麼對你的？我為你做了多少事，你怎麼可以這樣對我？」

我也曾在處於相反的立場。很久以前有個在各方面情況都比我糟的朋友，我曾經很積極地幫助他，帶他去看演唱會、去唱ＫＴＶ、請他吃飯、也一起念書，為了讓他從憂鬱中擺脫，總是不吝給他安慰和鼓勵。我盡情享受施捨的滿足感，甚至還覺得我就像光，那個朋友是影子，我會讓那個朋友走出陰影。

有一天，朋友看了埃里希・弗羅姆（Erich Fromm）的書後對我說：「看了這書裡的內容，發現你似乎把自己囚禁在厚厚的皮層裡。」我感到憤怒和被背叛，「你竟敢（當時真的感覺是『竟敢』）……你怎麼可以這樣對我說？我是怎麼對你的，你竟敢這樣指責我？」朋友說的話，就像是他「竟敢」跟我站在同一等級一樣，我無法容忍，最後和那個朋友絕交了。

過了很久之後我才明白，雖然我說希望幫助那個朋友走出困境像我一樣，但事實上我一直把他放在比我矮一截的位置，因為我把他看作是比我差的人，我不希望、也不接受他跟我同一個級別。那件事之後，讓我開始深切思考我所謂的「善意」到底是什麼。

在電影《大藝術家》中也有類似的狀況。《大藝術家》是一部講述從無聲電影邁向有聲電影，以此過渡時期的美國好萊塢為背景的作品，在二〇一二年得到奧斯卡最佳影片獎，電影的男主角喬治是默片時期最紅的演員，而女主角佩比則是仰慕喬治的無名小演員，在一次偶然的機會下邂逅喬治，進入電影界成為有聲電影的當紅明星。兩人之間的故事一言以蔽之就是悲喜交加。

電影中讓人印象最深的部分，就是喬治知道佩比在默默幫助他的那一幕。佩比在喬治房子被拍賣時，暗地裡偷偷買下他的所有收藏品並保管得好好的，喬治到後來才在無意間發現這個事實，那一瞬間他大受打擊，無法接受，甚至還試圖自殺。因為喬治一向認為自己是「幫助別人」的角色，從來就沒有想過自己會成為「接受幫助的人」。他是一位大明星，因為這種想法，所以總是寬容、慈愛。施以寬容永遠都是他的職責，因為對他來說，給予幫助意味著他比得到幫助的人更有優勢。他認為「幫助」是階層較高的人施捨給階層較低的人，因此一旦自己受到幫助就代表不如對方。

對喬治來說，佩比一輩子都是「多虧我的寬容才有機會出道的無名女演員」。就算是喬治在佩比家中接受照護的那一刻，他的眼神還是一樣流露出大明星看著無名小演員的目光。就算現實情況已經改變了，在他內心裡還是維持著大明星的自尊，無論如何都要在佩比面前努力維持那份從容，那是喬治愛佩比的唯一方法。

但是佩比卻以「單純的愛」這個名目持續讓喬治的自尊心受到傷害、羞辱。她在背後偷偷幫喬治，讓他在自己漂亮的家裡休養。所有一切對佩比來說雖是善良的表現，但對喬治而言，卻是強迫承認自己現在的地位已經比佩比矮了一大截。這件事對喬治的衝擊程度，讓他後來試圖含槍自盡。一開始與佩比在什麼位置相遇，最後也應該要在那個位置才對。

喬治不能適應的不只是電影從無聲過渡到有聲的變化，他更無法接受自己的身分地位下降、影響力變弱、從施捨者變成接受幫助的人。因為他在心理上一向認為自己比別人處在更優越的位置，我認為他的真面目是「傲慢」，這就是擁有好人情結的人隱藏在內心的祕密。

他們為了得到愛而愛，用別人無法承受的善意不斷施以幫助和善行，好在關係上占據優勢，透過施捨者的優越感換來自己的存在感，給受助者的心理造成負擔，讓他們產生罪惡感，使他們無法離開自己。好人情結的善良最後終究只是偽裝的。

這麼說也許太殘酷了。我是真心希望對方好，盡我所能地幫助他而已，說我的善良是偽裝的實在太冤枉了。但是我們自己也要懷疑是否有過度的親切和善行。沒有必要做到那種程度，為什麼我還要繼續那樣做，應該問問自己為什麼不能停止。這肯定是有原因的，只是我不願意承認。

奇怪的罪惡感

有好人情結的人還有一個特徵，就是容易感到「奇怪的罪惡感」。原本「罪惡感」在辭典上的意思是「個人在實際行為上或想像中，引發內在良心譴責而感到愧疚難安的一種主觀意識經驗」。但是有好人情結的人，即使自己沒有犯錯，也常常感到莫名的內疚，所以才會說是奇怪的罪惡感。犯了錯感到內疚是理所當然的事情（當然有些人犯了錯不但不內疚，還會厚顏無恥地大聲喊冤）。如果自己沒有任何錯誤，卻感到內疚，那確實是一種奇怪的事情。

○的好朋友遭遇到很辛苦的事，○只要一想到那個朋友就會很心疼，覺得很替他難過。○看朋友陷入困境過得那麼辛苦，自己卻吃好的，和其他朋友一起玩樂，他越感覺幸福，罪惡感就越重。如果他認為好朋友就應該同苦同樂，那就是「認知上的錯誤」。基本上來說，朋友的人生和我完全不同，對於朋友的不幸我們當然也會心痛，但沒有義務一定要與他一起分享那個不幸。

T的狀況也很類似。T的妹妹生病，他對自己健健康康的一直覺得有罪惡感。家人生病了會關心、會擔心、會不自在是當然的，但是因為妹妹生病，T不敢出去玩。T覺得不能只有自己過著開心的生活，在妹妹病好之前應該一起經歷痛苦。這種想法真的很奇怪，因為就算T那樣做，妹妹也不會好得比較快；妹妹也不會因為T身體健康就討厭或怨恨他，為什麼T要產生罪惡感折磨自己呢？難道因為覺得自己是個好人嗎？那不是好人，是怪人。

前面說過了，有好人情結的人不喜歡在人群中突出，害怕被自己所屬的團體排斥。朋友就是朋友，家人就是家人，團體就是團體，擔心自己萬一有想要獨樹一格的想法，或是直接做出與他人不同的行動，懷有不同於其他人的情緒，就會太過顯眼、成為目標。同時，對於有自己的慾望也懷有罪惡感。因為有好人情結的人認為，有個人慾望就是「自私」，相信自私都是不好的。所以當別人都辛苦，只有我幸福；別人都生病，只有我健康時，就會感到內疚。

對於有好人情結的人來說，除了奇怪的罪惡感之外，還會將所有事都怪在自己身上。走在路上時，如果迎面而來的人突然笑了一下，瞬間就會懷疑「是不是我怎麼了？我的臉上是不是沾到什麼了？我的衣服是不是哪裡怪怪的？」認為那個人是在笑自己，但其實那個人可能只是走著走著突然想到什麼好玩的事，或是戴著耳機和朋友通話聽到什麼好笑的故事，又或許是走在我身後的是他朋友，所以笑著打招呼。有這麼多可能的狀況，但還是會認為對方是因自己而笑，這點真的很奇怪。

同樣地，晚上回家，媽媽說心情不好。有好人情結的人第一個就會想到「是不是我做錯了什麼？」「因為我到現在還沒找到工作所以媽媽心情不好？我沒有整理房間所以媽媽生氣了？我太晚回家所以媽媽不高興？」等等想法。但是媽媽心情不好可能是因為跟爸爸吃晚飯時拌嘴，也可能是下午同學會聽到同學炫耀自己家多有錢而心裡不是滋味，或是去市場買東西時與隔壁鄰居阿姨為了最後一把蔥而吵架，也可能只是很累所以悶悶不樂，但卻還是先想到「媽媽一定是因為我的關係所以心情不好」，這真的很奇怪。

當自己傳出去的訊息被已讀不回時，第一個想到的就是「我做錯了什麼嗎？」你認為傳出去的訊息可能傷到對方，但也許是對方在公司忙得不可開交沒有空回，或對方是想等等再回結果一時忘記了，要不然也可能是讀了之後覺得不必馬上回覆也沒關係就先擱著了，說不定他想待會兒直接打電話給你所以才沒有回覆訊息。但自己還是在心中糾結「已讀不回，一定是我做錯了什麼」，這樣就太誇張了。

這種先自我貶低的想法，最常出現在求職面試或參加選秀時，接到落榜通知第一個想到的就是「因為我沒有能力、因為不需要我、因為我的成績不好、因為我沒有才能、因為我長得不好看」。面試有很大比例取決於面試官的個人喜好。每個人對「有能力的職員」定義不同，喜歡的類型也不盡相同。

舉例來說，一個面試官剛好有個下屬不久前犯了大錯被趕出公司，而你不巧與那名下屬長得有點像，那名面試官可能就會被影響，在大家條件都差不多的情況下挑選別人而不是你。是你失誤或能力不足嗎？絕對不是。也有可能是被在你之前面試的人影響。就如同在二手書店，如果同樣的書已經很多了，就不會再買同樣的書了。和你有相同能力和類型的人太多，而不選擇你也是可能的，並不是因為你沒有能力。

參加選秀也是一樣。每部作品需要的演員條件不同，以群舞為中心的劇碼，會想挑選身材體型差不多，整體看起來清爽的人；如果是重視唱腔的劇碼，就會比較屬意可以消化歌曲的歌唱實力。又或者是因為角色設定的關係需要看起來比較乖巧型的演員，或許你不符合那種條件，但絕不是沒有能力。報考了與自己形象完全不同的角色，一旦落選，就認定是自己能力不足，這是非常不可取的想法。面試落選，或自己的成果沒有得到很大的反饋，並不一定完全就是自己的問題。如果遇到其他機會、其他面試官、其他評審委員，也有可能會出現不一樣的結果。

但如果還是執著於「不，就算那樣說，我還是認為原因出在我身上」，那就是你對自己的要求太嚴格，或根本是高估了自己。總是認為自己做得不夠好，或是覺得所有人都在關注自己，這些從結果論來看，都是因為無法客觀看待自己而產生的錯覺。

心靈補充課程

我也和其他人一樣

好人情結是複雜的心理體系結晶，再加上認為自己優於他人的傲慢而形成的心理形態。如果我們想擺脫好人情結模式，成為普通人，應該怎麼做呢？

為什麼要成為好人？

在開始長篇大論之前，先羅列一下關鍵詞。第一，善良的人們認為能接受我的善良意圖和愛，就是好人，如果不能接受，就是壞人，這是二分法思考。第二，善良的人們通常懷著「如果我這樣對人，別人也會給予同等回報」的無謂期待和慾望。第三，善良的人們會想透過幫助別人和關懷他人的行動來控制他人。第四，善良的人們害怕成為不被他人愛戴的存在，因此從根源上就感到恐懼。第五，善良的人們相信自己在道德上比其他人好，享受自己的優越感。

隱藏在期待感後面的慾望

有好人情結的人通常會把別人放在自己前面著想，為了別人很容易放棄自己的東西、自我犧牲，堅持自己沒有什麼期待，完全是基於善意才那樣做。也許有人真是那樣，但大部分情況是經過一段時間之後，開始對那樣的生活感到疲憊。會發現不管做得有多好，對方都希望自己能做得更好，認為自己的犧牲是理所當然的，再怎麼期待也沒有任何回報，這時善良的好人們終於怒了，生氣地說：「我是怎麼對你的？你怎麼可以這樣對我？我一直以來都對你很好啊！」B一向對A很好，與A相約時，好人B無條件以A為主，明明自己也有事要處理，但總是說「我什麼時候都可以，以你的時間為主」。不只一、兩次，而是每次都這樣，日後A乾脆連問都不問了，自己決定好時間後再通知B。A並非無視好人B，只是因為B一向如此，什麼都沒關係，每次都說以我的時間為主，是因為他自己說沒關係的。

但是好人B心裡真的是這樣想嗎？好人B在積累到一定程度後，會開始有對方「完全都不為我著想」的感覺。當A說「你那個時間可以吧？」意思就是我的時間可以你應該沒問題。於是B開始討厭事事以自己為主的A，「他怎麼可以只顧自己，我也有我的事啊，他真的都不會替我想嗎？人怎麼可以那樣自私？為什麼好像把我當傻子一樣？」開始產生不滿。為了配合A的時間，自己不知做了多少犧牲、放棄了多少，但A卻一點都沒有替他想過，實在是太可惡了。

透過照顧對方來控制對方的習慣

既然如此，好人B為什麼一開始要那樣處處以A為主呢？自己主動放棄了很多。當然B的前提是希望和A好好相處，但我們再實際一點，是因為B希望從A身上得到愛，所以才會對他好。心想這麼做A應該也會對我好，會認同我、感謝我，事實上B是充滿期待和慾望的。

大部分的人都會像B那樣對自己喜歡的人無微不至。以A的立場來說，當然感謝有人在一旁隨時為自己奉獻，老實說有那樣的人在確實很方便，可以得到很多幫助也沒什麼壞處。但是隨著時間的推移，一直單方面付出的好人B的善意，逐漸變成令人窒息的負擔，就像「無以報答的恩惠」，讓人喘不過氣來。

雖然得到很多，但是也有很大的壓力，即使不願意再接受，也不知如何開口，因為怕自己會成為不懂得知恩圖報的人。因為對方是好人，這麼善良的好人居然還要離開他，會被大家指責是壞人。這就是善良的好人控制他人的典型方式。

希望自己成為比他人更好的人

善良的好人對自己的善舉有著微妙的道德優越感，認為自己就是一個隨時有能力幫助他人，有寬廣的胸懷和遊刃有餘的人，喜歡聽到別人說他們是「捨己為人」。相反地，最討厭聽到人家說他「自私」。所以總是在心裡督促自己，「我跟你們這些只會想到自己的人不一樣，我知道要替別人著想，要照顧別人，我是懂得放低自己、謙遜、捨己為人的好人！」

但真正諷刺的是，這些好人用「善意」包裝肆意妄為。硬夾給人家不吃的菜；明明說了不需要，還硬要來幫忙搬家；可以一起分擔的事，卻偏偏要獨自一個人去做；明明有關係，卻硬說沒關係。每當遇到這種固執己見的人，就會懷疑他們是否真的出於善意。

也許那些人是想通過善行來體現自己的存在感，是只想獨自發光的人。

只要跟普通人一樣就好

為了克服好人情結，我們應該牢記「我也和別人一樣」。我也和別人一樣，以自己的利益為先，喜歡對我好的人，要記住我只是一個不想受到傷害的普通人。在法輪大師[5]的官方網站中可以看到這樣的文字，「認為自己很了不起的人，經常會因為別人的稱讚或指責而動搖；認為自己只是路邊小草的人，不管別人稱讚還是指責都不會動搖。」

我不特別、只是個普通人，這一點很單純但要接受其實很難。在這裡推薦一個遊戲「那當然！」進行方式是兩個人面對面，不管對方問什麼，我都要回答「那當然！」比如說「你上次開會時偷偷放屁對吧？」就要回答「那當然！」如果回答「我哪有？」就輸了。這是一個就算是謠言、誹謗、人身攻擊也必須回答「那當然！」的遊戲，考驗人不激憤、不反駁、能一笑置之的趣味遊戲。

要在這種遊戲中獲勝的方法非常簡單，只要閉上眼、摀住耳朵、不管對方說什麼都像機器人一樣回答「那當然！」就可以輕鬆獲勝。但即便如此，很多人還是做不到，因為聽到關於自己那些荒唐不像話的形容時會忍無可忍。

想想看，當你陷入好人情結時，最難以接受的話是什麼？最具代表性的有三種，「你真是自私！」「你很愚蠢！」「你一點都不特別！」反過來最想聽到的是「你捨己為人」、「你真是聰明」、「你真是特別」。我們可以練習像法輪大師說的，把自己當成路邊的野草，那麼就算聽到不喜歡聽的話也不會被影響，可以很自然地說「那當然！」

當你為了想成為一個好人費盡心力而感到疲憊時，就對自己這樣說吧：「我不比別人善良，我只是和大家都一樣的普通人！」

5 譯註：韓國著名高僧，也是作家、社會活動家，倡導生態意識運動和促進人權，致力於實現世界和平以及消除飢荒、疾病和文盲。

結　語

滿足你的自尊感

回顧了讓我陷入過勞的諸多複雜問題，同時在進行心靈補充課程時，真的經歷了很多不同的關係、很多情感、思考很多對策方法。透過那麼多的故事可以看出，雖然痛苦種類都不一樣，但在所有痛苦的基礎中，最重要的還是有沒有滿足「自尊感」，即能否把自己當作有價值和珍貴的存在。如此看來，我最大的苦惱在於如何才能保住我的自尊感。

所謂的自尊感是愛自己、珍惜與自己有關的事。我們常聽到「你是世上獨一無二的」、「你生來就是要被愛的」這一類的話，對此我卻沒有特別的感觸。「是啊，我是宇宙獨一無二的存在，那又怎麼樣？」但我還是知道自尊心會誘發很多問題，也可以解決很多問題，所以很努力思考。

然而某一天，在閱讀治療課程中，有句話跳了出來，「我真正想看的書不是這本書，而是這世上獨一無二的活著的書，就是你。」看到這句話的瞬間，人們全都變成活著的書、宇宙獨一無二的書，我自然而然想像著宇宙圖書館的樣子。每當我在說明個人存在的意義時，總是會舉這個例子。

有個宇宙圖書館，在這裡有超過數千億本書，更驚人的是在這些書中，沒有兩本完全一模一樣。以圖書館長的立場來說，連一本都不希望遺失，非常珍惜。然而有本小小的書看到圖書館裡有那麼多書，常常嘆氣。因為他覺得自己太無趣、太沒有看頭了。其他書籍由著名設計師製作的華麗封面緊緊圍繞，但自己的封面設計土裡土氣，還是用便宜的紙，經常沾上手垢。

而且，與毫無看頭的外表相比，更讓人傷心的是這本書的內容。其他書有的是偉大的歷史故事、有的是與宇宙有關的高級知識，或是用流利的文體寫著美麗的愛情故事。可是這本小書的內容全是憂鬱、痛苦、讓人覺得煩悶的故事。所以小書經常想，會有誰想看這種內容呢？

小書把身體一點點向前移動，從書櫃裡抽出自己的身體。看著在這寬闊的圖書館裡數千億本帥氣又了不起、美麗的書，小書自慚形穢，像自己這樣讓人寒心又沒有什麼用的書，還不如消失算了。於是小書閉上眼讓身體掉落到地上，在地上的小書蠕動著身體，移動到書架底部和地板之間的縫隙裡躲起來，讓誰都找不到他。

這時，宇宙圖書館的警鈴響起，圖書館長氣喘吁吁地跑來了。因為圖書館裡有一本珍貴的、唯一一本的書不見了，圖書館長一副快發瘋的模樣，到處翻找，他說：「不行，那本書是這宇宙裡獨一無二、非常珍貴的書，那本書裡有一個誰都不知道的唯一的故事，那個故事如果消失了將會是宇宙的災難、是宇宙的損失啊！」

是啊，你的存在就是那樣。一定要找到，有宇宙裡獨一無二的故事、是非常珍貴的活著的書。那就是你。你必須真心相信這個故事。不管你的外表是美還是醜；不管你活到現在是有成就還是普通；不管你什麼做得好什麼做不好，那些都沒有關係。你什麼都不用做，就維持現在這樣，只要呼吸只要活著，就已經是這世上擁有獨一無二的故事的書了。每一本書都非常珍貴，這件事你絕對不能忘。

你是擁有宇宙獨一無二故事的活著的書，有義務將這珍貴的故事與其他生命分享。用自己獨有的能力和經驗講述自己的故事，那就是在這宇宙的義務。也許你認為自己的生活只是沒有價值的辛苦，但這個故事也許會比任何安慰都深刻地觸動人心。也許你認為自己的生活只是一個用羞恥、失敗點綴的微不足道的故事，但這個故事對某些人來說，是花錢買不到的最珍貴的故事，也可以激發出很好的創意。

我們的存在不能以任何標準來評價，沒有必要向任何人證明。從你誕生的瞬間，你已經是宇宙圖書館裡獨一無二的書。從你有了生命那一刻開始，你就是很珍貴的存在，從那以後發生的事情，只是寫在你書上的一個又一個獨特的故事。人生不是決定成敗的考場，而是自己創造的故事。迂迴曲折只是有趣的故事的必要條件。想要恢復自尊感嗎？那麼，請真心相信自己就是宇宙中唯一的書，那麼你將找到答案。

感謝的話

寫這本書最緊張的時候，就是呈現給父母，將關於他們的內容朗讀出來。在書出版之前，怕有父母不滿意的部分，或與事實不符、不希望呈現在書上的內容，所以我提前接受他們的檢查。但我在讀那些文章時知道，我想讓父母了解的是我在這段期間有多麼痛苦，即使知道將我的痛苦一五一十地傳達給父母，他們也會傷心，但我只想暫時像個小孩子一樣耍賴，想哼哼唧唧地說「我真的很累！」

父母聽那些故事應該會很辛苦，但仍默默地聽到最後。雖然與父母的意圖和想法不同，有一些地方是我誤會了，另外應該也有過於誇張、讓他們覺得冤枉的地方。但他們還是說「如果妳是那麼認為的，那應該就是了」，這樣理解我。還說「那個故事如果妳的書裡需要就寫吧」，允許我寫想寫的內容，媽媽還牽著爸爸的手說：「老公，我們也很冤枉，要不要一起也來寫一本書吧？」一瞬間大家都笑了，在笑聲中可以感覺這段期間受的傷正慢慢在癒合。

「謝謝爸爸、媽媽。我是個身體和心靈都很脆弱，長久以來找不到自己的路，沒有方向一直徘徊的女兒，但你們沒有放棄一直在等我，謝謝你們。我可以重新振作起來，是因為有你們兩位，成為我隨時都可以回來的避風港，往後我會用愛報答你們。」

另外在我找不到自己的方向而感到徬徨之際，除了父母之外，總是在我身邊說「妳可以做得到，妳會成功的」，支持我、為我加油，在物質和精神方面都給我很多幫助的人很多。我最愛的弟弟、弟媳和侄子們，以及從小就看著我長大的家族長輩們和表兄弟姐妹、小學同學松浩、中學同學秀希、梨花外語高中第一屆英文科的同學們、大學同學娜靜和知藝姐姐，擔任講師時期的朋友珠妍，以及無法一一寫下名字，但在我最痛苦時期與我在一起的所有朋友們，真的非常感謝你們。

特別是我在過勞後恢復又再次展開新人生，給我關鍵性幫助的三位老師，我要特別感謝他們。以「為了我的寫作」讓我再次站起來的李文在（音譯）教授、告訴我身體和靈魂恢復健康方法的宋明熙老師，以及教導我閱讀治療法的金英雅教授，真心感謝。

一直堅持寫作的具仁會成員們；將我想寫書的渺茫願望轉化為具體現實，幫助我踏出第一步的 menocchio 柳尚元老師；以及 bartleby 第一、二期的同學們。還有以一百天寫出原稿力的「巡禮文學堂 100 日線上寫作」的劉京熙老師以及第三期同學們。成為寫這本書靈感源泉的「我夜晚的光芒」第一～七期的學生，還有心靈補充課程的六十四名學生。「照亮我」系列的學生以及為心靈補充課程製作提供手工書籤的劉安娜代表。如果沒有各位，說不定我到現在恐怕還只是在做夢，做一個出書的夢，感謝各位讓我的夢想成真。

在我寫作期間總是被數不盡的自責所折磨，一再問自己是不是真的有資格可以出書，當我極度沒有自信時，有很多人對我說「等書出版我一定第一個買」、「這裡有人在等著妳出書」。像是「閃亮的日子」的會員們；韓民族閱讀治療指導師第七、八、九、十、十一期的老師們；韓民族繪本心理指導師第一、二、三、四期的老師們；在繪本世界中遇見的許多老師們、作家們以及臉書、instagram上的好友們、部落格的好友們、brunch的訂閱者們，真的非常感謝。還有在我生病時擔任主治醫師的青巖醫師及裴惠恩藥師，在此也要特別感謝。

最後還有幫我整理潤飾的楊春美編輯、李世鳳編輯；幫我拍好看檔案照片的學生徐允宇，以及出版這本書的青林出版社相關人員，真的非常感謝。謝謝你們，我愛你們！

推薦閱讀

【LIFE系列】

在深夜的電影院遇見佛洛伊德

電影與心理治療

王明智／著

文化部第36屆金鼎獎圖書類社會科學類入圍
衛福部第5屆優良健康讀物推介

·好評推薦　（依姓氏筆劃排序）

王麗斐｜臺灣師範大學教育心理與輔導學系教授
金樹人｜澳門大學教育學院教授
翁開誠｜輔仁大學心理學系副教授
黃素菲｜陽明大學人文與社會教育中心教授
聞天祥｜知名影評人、作家

人們去看電影，不是為了看真實的世界，而是要能看「補足這個世界不足」的另一個世界。當一個故事順利流傳下來，那是因為這個故事幫助我們活下來，因為我們在現實人生中的經歷不足以讓我們活下去，更因為我們渴望的正義、事實、同情與刺激，往往只能在想像的世界中獲得滿足。

——《電影的魔力》(The Power of Film)

人們因為遭受困頓的處境而求助於心理諮商師，卻其實在許多電影當中，本身就蘊涵了富有療癒心靈的元素。透過電影，我們看著一則則別人訴說的故事，也同時從中澄澈自己的思考、省視自己的生命。

本書不僅帶領您重新領略許多電影故事，也讓您重新認識自己、了解人性與心理的本質，是電影愛好者與欲初探心理治療的您，不容錯過的作品。

【iREAD愛閱讀】

巨大無比的小東西

碧翠絲•阿雷馬娜(Beatrice Alemagna)／文圖　尉遲秀／譯

2013年入選布拉迪斯國際插畫雙年展
2014年巴西Crescer magazine最佳繪本
售出英國、義大利、希臘等9國版權

・真情推薦 （依姓氏筆劃排序）

林幸萩｜童里繪本洋行負責人
咖　咖｜Vast&Hazy樂團主唱
尉遲秀｜翻譯工作者、輔大法文系兼任助理教授
達　姆｜插畫家
劉亞菲｜「繪本，生活練習」版主

「曾經有那麼一天，人們把它叫做幸福」
原來那些看似細小而微不足道、隱身於日常生活中的東西，就是幸福的模樣。

你認識「它」的模樣嗎？它可能藏在雨中、糖果盒裡，或是藏在氣味和懷抱之中；它總是悄然停留，又在不經意時從身邊溜走；有些人日夜等待著，也有人已經認不出它的模樣。作者用充滿詩意的文字帶出對「它」的種種描述，並邀請讀者一同思考——究竟「它」是什麼東西？

【iREAD愛閱讀】

小報亭

安娜德•梅樂希(Anete Melece)／文圖　游珮芸／譯

國際大獎動畫作品改編

售出英、德、瑞士與韓國等多國版權

・心動推薦　(依姓氏筆劃排序)

Emily｜作家／插畫設計師

黃大米｜暢銷人氣作家

螺螄拜恩｜暢銷人氣作家

走吧！

今天就抬起你的工作與生活，

向天涯海角出發！

個性爽朗的奧爾嘉，已經在小報亭工作了很久、很久，事實上，她可能有一點「卡」在裡面了。奧爾嘉偶爾會因為離不開小報亭而感到悲傷，這時候她會閱讀旅遊雜誌，夢想著遠方。然而，一連串突如其來的事件，意外開啟了奧爾嘉的旅程……

國家圖書館出版品預行編目資料

情緒過勞的我，有些話想對自己說：閱讀治療師陪你走過心靈修復之路，擺脫五種毒性心態，重建剛剛好的人際距離與自我平衡／趙玟英著，馮燕珠譯.——初版二刷.——臺北市：三民，2021
面；　公分.——（LIFE）
譯自：마음이 하찮니: 스스로 방치한 마음을 돌아보고 자존감을 다시 채우는 시간
ISBN 978-957-14-7147-1（平裝）
1. 心理治療 2. 生活指導 3. 自我實現

178.8　　110001234

[Life]

情緒過勞的我，有些話想對自己說：

閱讀治療師陪你走過心靈修復之路，擺脫五種毒性心態，重建剛剛好的人際距離與自我平衡

作　　者｜趙玟英
譯　　者｜馮燕珠
責任編輯｜翁英傑
美術設計｜陳祖馨

發 行 人｜劉振強
出 版 者｜三民書局股份有限公司
地　　址｜臺北市復興北路 386 號 (復北門市)
　　　　　臺北市重慶南路一段 61 號 (重南門市)
電　　話｜(02)25006600
網　　址｜三民網路書店 https://www.sanmin.com.tw

出版日期｜初版一刷 2021 年 3 月
　　　　　初版二刷 2021 年 10 月
書籍編號｜S541470
I S B N｜978-957-14-7147-1

三民書局